大本営発表

改竄・隠蔽・捏造の太平洋戦争

辻田真佐

GS
幻冬舎新書
424

はじめに

大本営発表は、日本メディア史の最暗部である。

軍部が劣勢をよそに「勝った、勝った」とデタラメな発表を行い、マスコミがそれを無批判に垂れ流す。そして国民は捏造された報道に一喜一憂させられる。かつて日本にはこうした暗い時代があった。

戦後七十年以上がすぎてなお、大本営発表が「あてにならない当局の発表」の比喩として盛んに使われている事実は、この体験がいかに比類なく強烈だったのかを物語っている。二〇一一年三月に発生した福島第一原発事故に関して、経済産業省、原子力安全・保安院、東京電力などの発表が「大本営発表」として批判されたことも記憶に新しい。

大本営発表とは本来、一九三七年十一月から一九四五年八月まで、大本営によって行われた戦況の発表である。大本営は日本軍の最高司令部だったため、その内容は基本的に軍事的なものに限られていた。にもかかわらず、その発表が今日ここまで強い印象を残しているのは、そのデタラメぶりがあまりに酷《ひど》かったからにほかならない。

大本営発表のデタラメぶりは、実に想像を絶する。

大本営発表によれば、日本軍は太平洋戦争で連合軍の戦艦を四十三隻沈め、空母を八十四隻沈めたという。だが実際のところ連合軍の喪失は、戦艦四隻、空母十一隻にすぎなかった。つまり、戦艦の戦果は十・七五倍に、空母の戦果は約七・六倍に、水増しされたのである。反対に、日本軍の喪失は、戦艦八隻が三隻に、空母十九隻が四隻に圧縮された。

単純ミスなどではとうてい説明がつかない。あまりにもデタラメな数字の独り歩きである。こうした戦果の誇張と損害の隠蔽は、巡洋艦、駆逐艦、潜水艦など小型艦艇や輸送船、さらには飛行機や地上兵力の数字などにも及んだ。

数字だけではない。大本営発表のデタラメぶりは、表現や運用にも現れた。絶望的な敗北は闇から闇へと葬られた。守備隊の撤退は「転進」といいかえられ、その全滅は「玉砕」として美化された。悲惨な地上戦は数行で片付けられ、神風特別攻撃隊の「華々しい」出撃で覆い隠された。本土空襲の被害はもっぱら「軽微」とされ、ときに「目下調査中」のまま永遠に発表されなかった。

大本営発表は戦局の悪化とともに現実感を失い、ついには軍官僚の作文と化した。当初こそ軍部を支持した国民も、やがて疑念を抱きはじめ、戦争末期にはほとんど発表の内容を信じなくなった。今日に至る「あてにならない当局の発表」としての大本営発表は、戦時下にすでに成立していたのである。

それにしても、なぜ大本営発表はかくも破綻してしまったのだろうか。

大本営は、陸海軍のエリートが集まる頭脳集団だった。デタラメな発表を繰り返せば、いずれ辻褄が合わなくなり、国民の信頼を失うことなど容易に想像できたはずだ。そんな彼らが大本営発表の担い手だったとは、にわかに信じがたい。

また、マスコミの態度にも疑問の余地が残る。たしかに法令や暴力で脅されていたとはいえ、一癖も二癖もある記者たちがそんな簡単に軍部のいいなりになったのだろうか。当時マスコミの代表格だった新聞の多くは、大正時代から昭和初期にかけて、大正デモクラシーや第一次世界大戦後の軍縮ムードを背景に、軍部に対して批判的な論陣を張っていた。軍部もこれを抑えるのに、たいへん悩まされていた。それがたった十数年で軍部の拡声器に成り下がるとは、いささか解せない。

詳しくは本文に譲るが、その謎を解く鍵は、軍部と報道機関の一体化にある。

先述のとおり、日本の新聞はもともと軍部に好意的ではなかった。ところが、一九三〇年代に満洲事変や日中戦争が勃発するとその流れが大きく変わった。各紙は戦争報道でスクープをあげるため、軍部に協力的になったのである。軍部はこの変化を巧みに利用し、取材の便宜を図って新聞を懐柔するとともに、「新聞用紙供給制限令」や「国民徴用令」などを用いて新聞を隷属下に置こうと目論んだ。こうして一九四一年十二月の太平洋戦争の開戦までに、軍部とマスコミの関係は、対立から協調、そして支配・従属へと急速に変化した。

なるほど、デタラメな大本営発表の原因には、日本軍の組織的な欠陥（組織間の不和対立や、情報の軽視）もあった。あるいは戦局の急激な悪化もあった。ただ、軍部と報道機関の一体化は、こうした問題を何倍にも膨れ上がらせた。ジャーナリズムのチェック機能が失われたからこそ、大本営は縦横無尽にデタラメな発表を繰り返すことができたのである。

ところで、われわれは戦後七十年以上にわたって「大本営発表」という比喩を絶やさず、その再来を恐れてきた。一定の条件が揃えば、再び大本営発表の悪夢がよみがえるかもしれない。そんな恐怖が日本人の心を捉えてきたのだ。

それは決して杞憂ではなかった。

不幸にも、福島第一原発事故は「あてにならない当局の発表」が依然としてまかり通っていたことを明らかにした。電力会社による広告費を使ったマスコミ懐柔の実態もまた明らかになった。

もちろん、現在の日本には戦前のような陸海軍もなければ、抑圧的な言論統制の仕組みもない。反対に、表現の自由を保障する憲法や、多種多様なメディアも存在している。ただ、それにもかかわらず、原発の「安全神話」なるものが日本社会を覆ってしまった。われわれが大本営発表の歴史から学ぶべきことは決して少なくないのではないか。

ましてこの国では、現在でも、政権による報道への介入がしばしば問題になっているのである。今後どのように政治と報道の関係が変化するかわかったものではない。世界的に見ても、政権によるメディア・コントロールの動きは決して過去の話ではない。

再びいうが、大本営発表は日本メディア史の最暗部である。政治と報道が一体化したときに生じる悲劇を、これほどよく示しているものもない。したがって、その再来を心配しても、決してしすぎるということはあるまい。

本書の目的は、主に太平洋戦争の歴史をたどりながら、大本営発表の破綻の原因を詳らかにすることである。では、なぜわれわれは大本営発表の歴史を知らなければならないのか。それは、この悲劇的な歴史を広く共有することで、政治と報道が再び一体化するという事態を防ぐためにほかならない。本書が最終的にめざすところも、実にここにこそあるのである。

なお、資料の引用に当たっては、読みやすさを考慮して仮名づかいや漢字表記を一部改め、句読点を適宜補った。

また、新聞の題号については、出典の記載を除き、「東京朝日新聞」「大阪朝日新聞」「朝日新聞」は「朝日新聞」に、「東京日日新聞」「大阪毎日新聞」「毎日新聞」は「毎日新聞」に、「読売新聞」「読売報知」は「読売新聞」に、それぞれ表記を統一したことをお断りしておく。

大本営発表／目次

図版・DTP　美創

第一章　日中戦争と大本営発表の誕生

（一九三七年十一月〜一九四一年十二月）

忘れられた太平洋戦争以前の大本営発表

一九四一年十二月八日、午前七時前。日本放送協会のアナウンサー館野守男は、まもなくはじまるニュース放送に備え、スタジオのマイクの前で待機していた。「何かあるな」という予感はあった。前日の夜更けに、幹部がアナウンサーの部屋を見回りにきたからだ。ただこのときはまだ、いつもと変わらない、放送前の静寂なひとこまにすぎなかった。

ところが、そこに突然、報道部の田中順之助が慌ただしくスタジオのドアを開けて飛び込んできた。そして「いま大本営から、電話で大ニュースが入った」と、走り書きの原稿を渡してきた。もう七時の放送時間だ。内容を確認する余裕もない。館野はすぐに臨時ニュースのチャイムを鳴らし、「臨時ニュースを申し上げます。臨時ニュースを申し上げます」と繰り返し、ぶっつけ本番で原稿の文字を読み上げた。

「大本営陸海軍部十二月八日午前六時発表。帝国陸海軍は本八日未明西太平洋において米《アメリカ・》英《イギリス》軍と戦闘状態に入《い》れり」

館野は文字を追いながら、ようやくことの重大さに気づいた。ほかでもない、太平洋戦争開戦の歴史的な発表だったのである。

今日残っている館野の音声は、決然とした調子でいかにも勇ましい。ただ、これはのちの放送時に録音されたものだった。八日午前七時の音声は、まるで「お通夜の放送のように沈んだものではなかったか」と、館野本人によって戦後回想されている。事前に内容を知らされず、意味もわからずに読んだのだから無理もない。

突然の発表に驚いたのは、館野だけではなかった。日米交渉の経緯をまったく知らされていなかった日本人の多くにとってもまた、開戦の発表は青天の霹靂だった。

もっとも、「お通夜」のような放送はすぐにかき消された。その日のうちに、ハワイ空襲成功やマレー半島上陸などの戦果が次々にラジオで放送され、日本中はたちまち歓喜の渦に包まれたからである。

同日の夕刊（当時の夕刊は翌日の日付で出されていたので九日付）には、さきに放送された大本営発表が次のような形で掲げられた。

【大本営陸海軍部発表】（十二月八日午前六時）
帝国陸海軍は本八日未明西太平洋において米英軍と戦闘状態に入れり

これを皮切りにして、大本営発表は八百四十六回にわたって行われたといわれる（著者の集計では八百四十七回、後述）。

だが、これには重大な間違いが含まれている。というのも、大本営発表はすでに日中戦争のときから行われていたからだ。たとえば、南京攻略については一九三七年十二月に次のような大本営発表が行われた。

【大本営陸軍部発表】（十二月十三日午後十一時二十分）
昭和十二年十二月十三日夕刻敵の首都南京を攻略せり

太平洋戦争の華々しい発表が、「お通夜」のようなアナウンスをかき消したように、それまでの大本営発表をもすっかり覆い隠してしまったのだ。現在に至るまで、日中戦争下の大本営発表はほとんど無視されてしまっている。

とはいえ、太平洋戦争の開戦にあたり大本営発表がスムーズに行われたのは、日中戦争時代の教訓や準備があったからではないだろうか。したがって、大本営発表はまずその誕生から見なければならない。

大本営報道部は陸海軍でバラバラ

大本営発表の発信元である大本営は、天皇に直属する日本軍の最高司令部である。常設ではなく、日清戦争や日露戦争など戦時に際して特別に設置された。昭和年間では、日中戦争初期の一九三七年十一月に大本営が設置され、以後太平洋戦争の敗戦まで存続した。

明治の大本営は天皇の特旨によって首相も参加し、名実ともに日本の戦争指導の中心機関であった。これに対し、昭和の大本営は敗戦の年まで首相の参加を認めず、天皇臨席の形式的な会議を開くだけで、実態は陸海軍の寄り合い所帯にすぎなかった。すなわち、陸軍の参謀本部と海軍の軍令部がそれぞれ（多少の手直しを経て）大本営陸軍部と大本営海軍部の大部を構成し、引き続き個別に戦争を指導したのである。

参謀本部に掲げられる「大本営陸軍部」の看板。軍令部にも同じように「大本営海軍部」の看板が掲げられた。

細かい点を横に置けば、事実上、参謀本部が大本営陸軍部を名乗り、軍令部が大本営海軍部を名乗っただけといってもよい（図1）。そのため、昭和の大本営は単なる看板に等しく、陸海軍を統合して運用する機能を持たなかった。

大本営発表の実務を担った大本営報道部でも、事情はほとんど同じだった。やはり、陸軍省

図1　日本軍の中央組織(1937年11月時点)

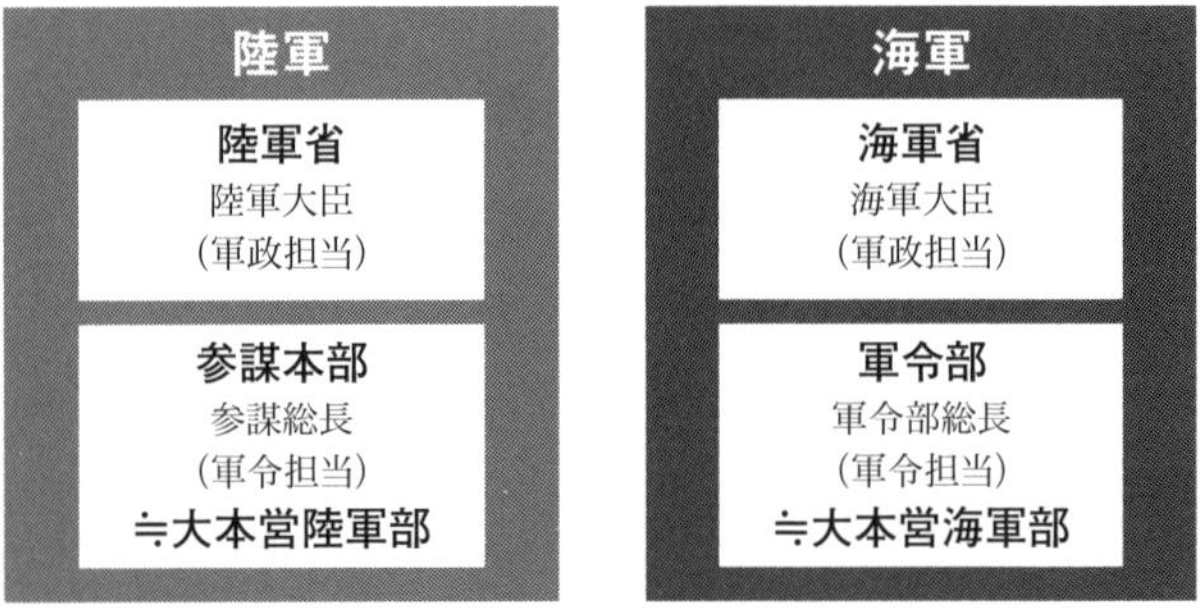

軍政機関は、人事、予算などを担当。軍令機関は、作戦、用兵などを担当。この4機関は相互に独立し、場合によって激しく対立した。

図2　日本陸海軍の宣伝・報道部門の変遷

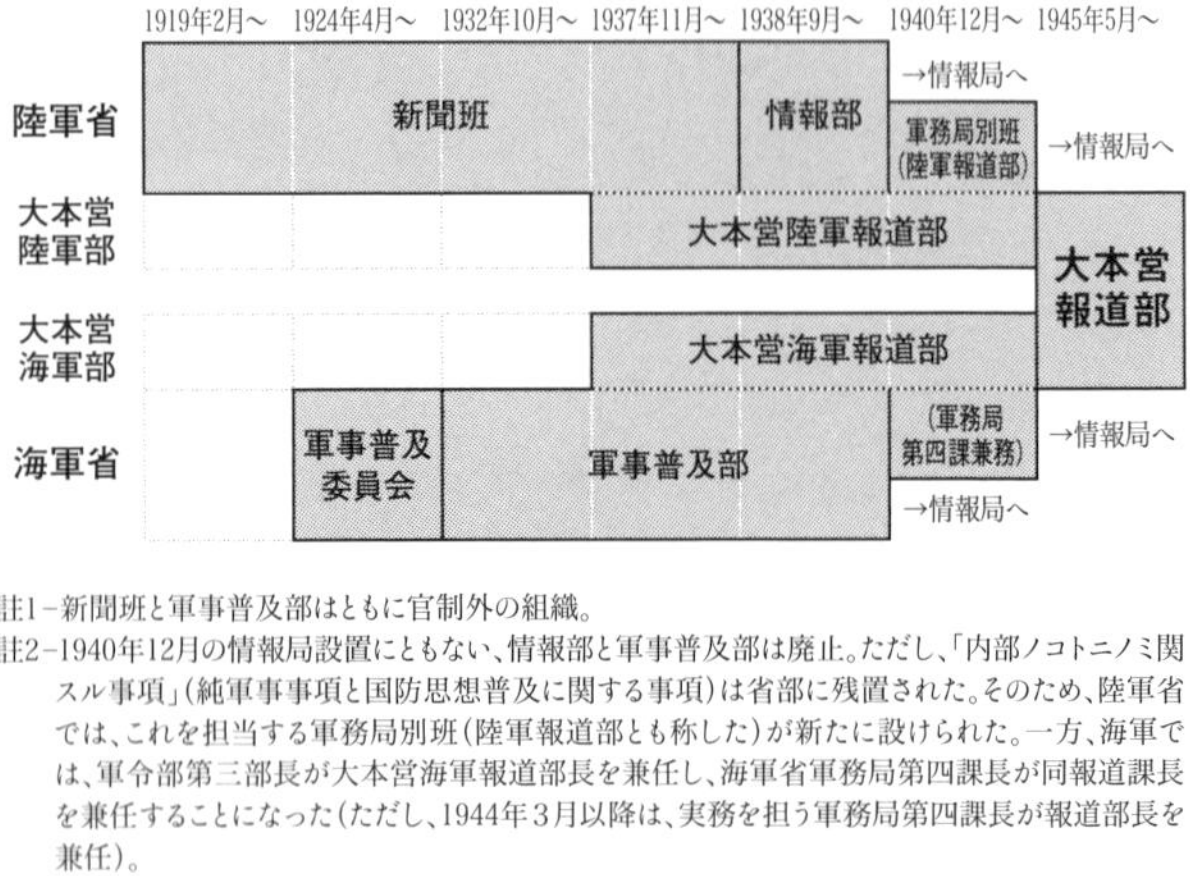

註1－新聞班と軍事普及部はともに官制外の組織。

註2－1940年12月の情報局設置にともない、情報部と軍事普及部は廃止。ただし、「内部ノコトニノミ関スル事項」(純軍事事項と国防思想普及に関する事項)は省部に残置された。そのため、陸軍省では、これを担当する軍務局別班(陸軍報道部とも称した)が新たに設けられた。一方、海軍では、軍令部第三部長が大本営海軍報道部長を兼任し、海軍省軍務局第四課長が同報道課長を兼任することになった(ただし、1944年3月以降は、実務を担う軍務局第四課長が報道部長を兼任)。

註3－1945年5月の情報局改組にともない、省部における宣伝報道事務は完全に情報局に統合されることになった。

新聞班と海軍省軍事普及部がそれぞれ大本営陸軍報道部と大本営海軍報道部を名乗り、個別に大本営発表を行ったのである（参謀本部と軍令部には宣伝報道部門がなかったため、例外的に省部の組織が大本営に組み込まれた）。

それゆえ一口に「大本営発表」といっても、その名称は長らく「大本営陸軍部発表」と「大本営海軍部発表」に分かれていた。共同で発表する場合も、「大本営陸海軍部発表」という名称が使われた。

ふたつの報道部は、その後何度か改編されたものの、一向に交わらなかった。統合されたのは、なんと太平洋戦争の敗戦三ヶ月前の一九四五年五月だった。大本営報道部の組織の変遷は図2のとおりだが、詳しくは後述する。いまはその組織が陸海軍でバラバラの状態だったということを覚えておいてもらえればよい。

世論対策に熱心な陸軍と冷淡な海軍

大本営報道部は陸海軍で別々だったため、当然、宣伝報道業務に対する取り組みにも明らかな温度差が見られた。熱心に宣伝報道に取り組んだのは、意外にも陸軍だった。

陸軍報道部の母体である陸軍省新聞班は、一九一九年に田中義一陸相の指導のもとに秦真次中佐を初代班長として設置された。大正デモクラシーの高まりや、前年にはじまったシベリア出兵に対する国民の不満（米騒動など）を受けて、陸軍としても世論対策に取り組まざるをえなくなったためといわれる。

新聞班はさっそく、陸軍省の記者クラブである北斗会（のち辛酉倶楽部、陸軍省記者倶楽部と改称）に対し、毎日のように記事材料を提供したり、軍事に関する知識を教授したりして、陸軍に好意的な記事を書かせようと試みた。実際に行われたかどうかはわからないが、当時の内部文書によれば「奨励金ノ下付」、つまり金銭で新聞社を買収することも検討されていたようだ。

ほかにも、陸軍省の機密費で記者を接待していたという元新聞班長・鈴木貞一の赤裸々な証言も残されている。こうした業務に対応できるよう、新聞班には桜井忠温（著書『肉弾』で有名）や本間雅晴（太平洋戦争時、第十四軍司令官としてフィリピン攻略を担当）など社交的で文化面に明るい軍人が配属された。国民の理解を取り付けるため、陸軍がなりふり構わず行動していたことが見て取れる。

その後、陸軍内部で第一次世界大戦の研究が進むなかで、世論対策の重要性が改めて強く認識されるようになった。大戦中にドイツとロシアは革命によって倒れたが、それは世論対策に失敗し、国民の不満が爆発したからだ、と理解されたのである。そこで、新聞班は一九三四年に『国防の本義と其強化の提唱』というパンフレットを約六十万枚も配布し、軍備増強の必要性などをこと細かに説明した。新聞班の世論対策のなかでも、このパンフレットの配布は大きな反響を巻き起こした。

陸軍というと無粋で武力一辺倒で、国民の意見など無視して強引に戦争を進めたという印象があるかもしれない。しかし、兵力の大部分を徴兵に依存する陸軍は世論の動向にとても敏感であり、実際は以上のような世論対策に腐心していたのだった。こうした記者クラブとの協力(癒着)体制や、世論操作のノウハウの蓄積があったからこそ、陸軍省新聞班＝大本営陸軍報道部は、戦時下に大本営発表を効果的に運用することができたのである。

一方、海軍は陸軍に比べて宣伝報道にあまり積極的ではなかった。海軍省の軍事普及部は、一九二四年に(海軍)軍事普及委員会という名前で設置され、一九三二年に改称された。成立年だけ見ると、それほど陸軍に見劣りはしない。海軍省の記者クラブである黒潮会《こくちょう》に対しても、陸軍と同じくブリーフィングなどを行っていた。

ただ、「サイレント・ネイビー」(沈黙の海軍)を金科玉条とする海軍将校たちは、報道を無用なおしゃべりとみなし、軍事普及部を「チンドン屋」と呼んで軽んじる嫌いがあった。そのため、海軍内で軍事普及部への配属は「貧乏くじ」といわれ、宣伝に熱心な軍人は変わり者として白眼視されてしまうようなありさまだった。

陸軍省新聞班も決して輝かしい出世コースというわけではなかったものの、海軍省軍事普及部の扱いは陸軍のそれに比べてあまりに酷すぎた。日中戦争が陸軍中心の戦争であったこともあり、大本営発表は当初陸軍報道部を中心に運営されていくことになる。

地味だった最初の大本営発表

さて、日中戦争の初期に話を戻そう。

一九三七年十一月二十日、大本営報道部が発足した。陸軍報道部の場合、部長以下十名の軍人で構成された。その任務は、戦争遂行に必要な各種の宣伝報道の実施である。さっそく同日午後四時には大本営陸海軍部当局談が出され、午後五時三十分にはふたつの大本営陸軍部発表が出された。

今日ではあまり重要視されていないが、大本営からの発表には、いわゆる「大本営発表」以外にも「当局談」の形式があった。後者は前者を詳しく説明するなど補助的な役割にとどまったが、大本営報道部の重要な機能のひとつであったので、以下必要に応じて参照していく。二十日の当局談は、大本営設置の意義を説明するものだった。

【大本営陸海軍部当局談】（十一月二十日午後四時）

今般支那事変（引用者註、日中戦争のこと）に対処するため、大纛《たいとう》の下に大本営を設置せらる。

是《こ》れ今次事変の推移に鑑み、長期作戦の覚悟をもつて本格的に武力を行使せんがため、統帥部を戦時態勢に移すを適当なりと認められたるに因るものなり（以下略）

大本営報道部の発表文は、原則として文語で書かれ、ときに難解なものとなった。たとえば、「大纛の下に」は、ここでは「天皇の下に」を意味する。文章の構成も複雑で、とても読みづらい。

一方、同日午後五時三十分に行われた大本営陸軍部発表は、ひとつは蘇州を占領したというもので、もうひとつは上海戦線で敵に十五万の損害を与えたというものだった。おそらくこれが最初の大本営発表ではないかと考えられる。そのひとつを次に掲げる。

【大本営陸軍部発表】（十一月二十日午後五時三十分）

滬《こ》寧《ねい》線にそひ前進せる我が部隊は、昨十九日午前六時三十分、奇襲をもつて蘇州を占領し、城内の掃蕩を終り、同九時三十分入城、更に一部をもつて滬寧線に沿ひ敵を急追中なり

蘇州は、上海西部に位置する古都である。当時、日本軍は上海を占領し、そのまま首都南京をめざして西進中だった。したがって蘇州は単なる中継地点にすぎず、その占領は地味な戦果

だった。発表文も、こと細かに時刻を記すなど正確さに対する配慮は見られるものの、「いまさに敵主力を撃滅した」というようなインパクトを欠いている。

二十一日付の朝刊各紙を見ても、上海戦線で功績があった陸海軍に対し、天皇が勅語を下賜したとの「大本営陸軍部発表」（午後七時）と「大本営海軍報道部公表」（同）が大きく掲載されている。天皇に関する記事は大きく取り上げられるのが当時の慣例だったとはいえ、そのために最初の大本営発表は隅に追いやられてしまった。

ちなみに、海軍報道部としての最初の発表は、勅語下賜を知らせる「大本営海軍報道部公表」である。陸軍と違い「報道部」という言葉が入っているが、発表業務は報道部が担うので、これは「大本営海軍部公表」と変わらない。また、海軍は「発表」ではなく「公表」という言葉を使う傾向があったが、「発表」を使う場合もあり一貫していない。

このように、大本営発表ははじめ地味であり、表記も統一されていなかった。大本営発表は、この時点ではいわば「ブランド化」されていなかったのだ。かくのごとき地味な歴史がのちに忘れ去られたのもゆえなしとしない。

大本営発表は作戦報道の最高権威

こうした大本営発表は、どのような形で運営されていたのだろうか。幸いにも、陸軍報道部が作成した文書「陸軍宣伝機関業務報告」（一九三七年十二月）などが残っているため、それらにもとづいて確認してみたい。

まず、大本営発表の位置づけについて。

「大本営発表」は、陸軍報道部が行う作戦報道のこととされた。作戦報道とは、「都市を占領した」「敵部隊を撃滅した」といった戦況に関するものである。ただし同じ作戦報道でも、（重要性が低いなどの理由で）現地部隊から直に発表されたものは、その部隊の名前を取って「上海軍発表」や「北支軍発表」などと呼ばれた。

一方、人事異動など軍政に関する事項は、おおむね陸軍省新聞班から発表された。こちらは「陸軍省発表」と呼ばれた。もっとも、陸軍報道部と新聞班は事実上同じ組織（二身一体）だったので、内容に応じて発表の名義を「大本営発表」と「陸軍省発表」で使い分けていたというのが正しい。

つまり、軍部の発表は「大本営発表」だけではなく、様々なものが混在していたわけである。そのなかでも「大本営発表」は、作戦報道に関する最高権威の位置にあった。

国民に届くまでの三つの関門

次に、大本営発表の作成・発表過程について。

図3　大本営発表までの基本的な流れ（陸軍の場合）

前線部隊からの報告	前線の部隊より「戦闘要報」「戦闘詳報」などの報告が届く。参謀総長がこれにもとづいて天皇に戦況を上奏する。
公開範囲の決定	定例の幹部会議において、一般に公開してよいものが決定される。
↓	
発表文原案の作成	大本営報道部の主務部員が、発表文の原案を作成する。陸海軍共同発表の場合は、両報道部の間で協議が行われる。
発表文の承認・添削	関係各所の許可・連帯を得る。 参謀本部（≒大本営陸軍部）……参謀総長、参謀次長、第一（作戦）部長、第二（作戦）課長、第二（情報）部長、主務参謀など 陸軍省……陸軍大臣、陸軍次官、軍務局長、軍事課長、主務課員など ※内容や重要度に応じて、許可・連帯を得る相手が増減した。陸海軍共同発表の場合は、海軍側の同意も必要。
↓	
記者クラブに発表	大本営報道部員が、記者クラブで発表文を読み上げる（いわゆる大本営発表）。また、これに関連した資料の配布、レクチャーも行う。
国民に周知	新聞やラジオで、大本営発表が国民に周知される。解説記事にも、大本営報道部の意向が反映された。

註－特に決裁ルートについては、様々な証言がある。以上はそれらを総合して判断した。

大本営発表が作成され一般国民のもとに届くまでには、実に様々な関門が待ち構えていた。詳しくは図3を見ていただきたい。

第一の関門は、情報の取捨選択である。大本営には、前線の部隊から日々戦闘に関する報告があがってくる（「戦闘要報」「戦闘詳報」など）。参謀総長はこれにもとづいて天皇に対して戦況を上奏するのだが、この上奏事項のうち一般に公開してよいと定例の幹部会議で判定されたもののみが、大本営発表用に回された。つまり、発表するのに不都合なものや取るに足りないものなどは、ここで振るい落とされた。

第二の関門は、発表文の作成と確定である。陸軍報道部の担当者は、さきの会議の決定にもとづいて大本営発表の原案を作成した。ただし、発表文を確定させるためには、関係部署の許可や連帯を取り付けなければならなかった。軍の公式発表である以上、報道部の一存で内容を決めることはできなかったからである。

具体的には、次のように規定されていた。「其内容及発表の時期方法等は、慎重に顧慮し、常時幕僚と緊密に連絡し、以て軍機の秘密を保持すると共に、我軍民の士気を鼓舞し、敵の戦意を失墜せしむるものとす」

許可や連帯をもらうべき相手は発表内容の軽重によって変動したが、こと作戦報道に関しては、全軍の作戦を担当する参謀本部の第一部（通称、作戦部）と、その下の第二課（通称、作戦課）の責任者の承認が不可欠だった。

ところが、この作戦部がたいへんなクセモノだった。報道部は、その職務上できるだけ情報を早くたくさん出そうとした。その一方で、作戦部は作戦の秘密を重んじ、できるだけ報道部の発表を制限しようとした。しかも作戦部は、大本営のなかでもエリート中のエリートが集まる中枢部署で、傲岸不遜なうえ、発言力がきわめて強かった。報道部にとって、こうした作戦部の説得は大きな悩みの種であった。
　少し時代はあとになるが、報道部員たちの苦労談をいくつか引いてみよう。
「大本営発表となると、陸軍省と参謀本部の両首脳者のハンコを貰わねばならぬこととなり、面倒なものであった」（松村秀逸）
「大本営は、万事作戦課中心に動く。新聞発表も同じことで、常に作戦課に取材し、発表は改めてその同意を得ねばならない。これが厄介な仕事である。なるべく秘密にしたい作戦課と、反対に事実をなるべく早く、広く国民に知らせたい報道部とは、うまくかみあわない」（冨永亀太郎）
　このように見ると、大本営報道部は、様々な部署に配慮しながら仕事に取り組んでいたことがわかる。いいかえれば、大本営発表は報道部の専売特許ではなく、様々な部署の意向が反映されたものだったのだ。そのため、ときにその内容は組織間の不和対立や妥協の影響をもろに受けることにもなった。
　そして第三の関門は、記者クラブに対するブリーフィングである。確定した発表文は、報道部員によって記者クラブで読み上げられた。ただ読んで終わりではなく、これにあわせて発表文や説明資料の配布、内容の解説も行われた。
　報道機関にとって、現役の軍人による戦況説明は何ものにも代えがたい情報源だった。記者クラブ所属の記者たちは、なんの苦労もなく、日々この情報源にアクセスして記事を書くことができた。これは記者クラブの特権でもあったが、同時にリスクでもあった。なぜなら、特権を失うことを恐れるあまり（立ち入り禁止にされるなど）、軍部に批判的な記事を書きにくくなるからである。そのため、記者クラブ発のニュース記事は、常に軍部寄りになる危険性をはらんでいた。

以上が一般国民のもとに大本営発表が届くまでの関門である。

ここでは、陸軍報道部における大本営発表の位置づけと作成・発表過程を見てきたが、海軍報道部もおおよそ同じような形で運営されていたものと考えられる。なお、両報道部は互いに連携することが求められたが、交流が盛んだったとはいいがたく、「大本営陸海軍部発表」と共同名義で発表を行う場合に限って協議を行った。

悩ましい南京攻略戦の報道合戦

それでは、より具体的に日中戦争の大本営発表を見ていきたい。大本営発表というとデタラメばかりというイメージが強いが、このころの発表内容は比較的正確だった。というのも、日本軍は中国軍相手に連戦連勝しており、敢えて虚偽の発表をする必要がなかったからである。

むしろ、このころ大本営報道部を悩ませたのは、報道機関（とりわけ新聞）の「暴走」だっ

南京陥落の入電に沸く岩崎春茂少佐ら陸軍報道部と陸軍省記者倶楽部の面々。岩崎はのち支那派遣軍報道部長に就任した。

た。このことは、南京攻略戦の報道を見るとよくわかる。

大本営は十二月一日に南京攻略を命令。中支那方面軍が正式に南京攻略作戦を開始した。日本軍はきわめて精強で、中国軍の抵抗を各地で撃破し、南京を包囲していった。大本営陸軍部は、六日正午に「南京に対する我包囲網は愈々《いよいよ》圧縮」、七日正午に「南京城攻略の体勢《〔ママ〕》を完成」と発表した。これらは、おおよそ事実どおりの発表である。

ただ、問題は新聞だった。

従軍記者たちは、軍の正式発表を待たないで、しばしば憶測で速報を打った。ある部隊の参謀が「もうあの○○鎮は取れそうなものだ」とつぶやいたところ、側にいた従軍記者が「よろしい、もう占領してしまいましょう」といって、「○○鎮占領」の電報を打ったこともあった。その結果、国民が不正確なニュースに踊らされるという事態が発生した。

これを防ぐため、現地の上海派遣軍（中支那方面軍隷下）報道部では、軍の正式発表があるまで南京占領の報道をしてはならないと新聞社に申し渡した。ところが、その取り決めを無視して、毎日新聞が九日付で「南京城の一角占拠」の号外を出してしまった。驚くべきことに、当時の軍の報道部は新聞を完全にコントロールできていなかったのである。

こうした新聞の暴走は翌十日にも起きた。この日、第九師団の一部が南京城の光華門を占領し、城壁に日章旗を掲げた。これは単に城門を占領したにすぎず、本格的な戦闘はこれからという状況だった。ところが、各紙は勇み足で同日夜に「南京陥落」と取れる号外を配布。そのため、東京の盛り場では「万歳」の歓声がうずまき、その日のうちに祝賀の提灯行列が陸軍省や海軍省に押し寄せた。

もちろん、大本営報道部は南京がまだ陥落していないことを知っている。とはいえ、これを否定しては国民の士気が下がってしまうかもしれない。そこで、十一日の午前一時という異例の時間帯——深更の発表はきわめてまれだった——に次のような発表を行った。

【大本営陸軍部発表】（十一日午前一時）

軍の一部は十二月十日午後五時南京城光華門を占領し城壁高く日章旗を翻へせり

文字どおり、軍の一部が光華門を占領し、日章旗を掲げたとしか述べていない。報道部の発表はきわめて事実に忠実だった。むしろ大騒ぎしたのは、新聞のほうだった。

翌日の朝刊にも、「首都陥落」「南京占領」などの文字が躍った。政府は国民の熱狂を受けて、国会議事堂に電飾を点灯。また陸軍省でも、殺到する提灯行列に対応するため、大急ぎでバルコニーの設置工事をはじめた。新聞に引きずられる形で、国民が熱狂し、政府・軍部も対応を迫られた。そんな構図がここからは読み取れる。

大本営陸軍報道部の内部文書には、新聞が憶測で都市占領の記事を配信するため、実際の占領と報道との間に数日間の相違が生じることがあるとし、南京攻略戦をその最たる例としてあげている。

その後、大本営陸軍部はあくまで冷静に、十二日午後九時三十分に「(南京城)中華門を攻略」、そして十三日午後十一時二十分に「敵の首都南京を攻略」と発表を行った。本章のはじめに引いたもの(20ページ)は後者である。

なるほど大本営報道部は、南京占領時に発生した中国人の非戦闘員らに対する日本軍の殺傷行為は伝えなかった。また、敵の損害をやや過剰に見積もる傾向もあった。ただ、太平洋戦争時に見られるような、ありもしない戦果を発表するようなことはなかった。その点で、このときの大本営発表は比較的正確だったといえる。

新聞暴走の背景に熾烈な競争

それにしても、なぜ新聞は大本営報道部を悩ませるほど「暴走」してしまったのだろうか。その背景には、部数拡大をめぐる熾烈な競争があった。国民が注視する南京攻略戦で真っ先にスクープをあげれば、その新聞の名声は高まり、部数の拡大にもつながる。そうした事情を受けて、新聞はどこも大量の従軍記者を戦場に送り出していた。

伊藤正徳『新聞五十年史』によれば、日中戦争中に、朝日新聞と毎日新聞はそれぞれ約千名、読売新聞は約五百名、同盟通信（日本唯一の国策通信社、地方紙に記事を配信）は千名超の人員を大陸に送り込んでいたという。また、この四社はラジオに対抗するため、写真つきの号外を乱発した。そのために、飛行機をチャーターし写真の空輸さえ行った。こうした報道合戦に太刀打ちできない新聞社には、売り上げの低迷という現実が重くのしかかった。

報道合戦を勝ち抜くためには、軍部との協力が不可欠だった。軍部もまた便宜を図ることで、報道への介入の糸口を作った。記者を従軍させてやる代わりに、軍部に有利な記事を配信せよ、というわけだ。記者個人にとっては、従軍すれば会社から特別手当が支給されるという「旨み」もあった。「この頃、従軍記者には五百円の支度金が出たので、飲み屋のツケが溜まると、みんなこれを待望した」とは、毎日新聞記者の後藤基治の回想である。

こうして、大本営発表や軍部の行動を批判的に検証する、報道本来の役割は置き去りにされてしまった。なるほど、このころの新聞はまだ大本営報道部の完全ないいなりではなかったかもしれない。ただ、それはジャーナリズムの使命感というよりは、単なる時局便乗ビジネスの結果だった。

これは危険な兆候だった。大本営報道部の軍人はこう考えたかもしれない。新聞は営利のために動く。それゆえ、真実の追求はお座なりになり、軍部の指示さえ無視する。困ったことだ。だが、それならば、一社だけ従軍記者の許可を取り上げたらどうなるだろうか。倒産を恐れる新聞は、たちまち軍部の意向に屈服するのではないか――。

なにも妄想でいっているのではない。このあと、新聞は戦争報道の見返りを受けるなかで徐々に骨抜きにされ、ついには大本営報道部の拡声器に堕してしまうのだから。大本営報道部と密接な深い関係にあった内閣情報部において、一九四〇年二月に作成されたと見られる文書にはこのように記されている。「新聞の本質が売ることを第一義とする商品」である以上、「新聞対策の『鍵』は新聞の『営業』を押へることであらねばならぬ」（「新聞指導方策に就て」）

あるいは、陸軍報道部員だった平櫛孝は、戦後こう述懐している。

「これ（従軍記）が読者にうけて、新聞は売れる。帰国すると、その人にはハクがつき、作品は売れるという諸方めでたしめでたしで、新聞社も、新聞記者も、作家も、軍には一目も二目もおかざるを得ないし、軍のほうは恩に着せていばるという悪循環をくりかえした」

大手新聞は南京攻略をめぐる報道合戦で部数を伸ばし、我が世の春を謳歌していたのかもしれない。だが、時局便乗ビジネスは毒まんじゅうだった。批判・検証の使命を置き去りにした時点で、報道機関は死に至る病に蝕まれていたのだ。

広東・武漢作戦で試行錯誤

南京陥落後、大本営発表は一時小康状態となった。それが再び活況を呈するのは、一九三八年十月のことである。

この月に日本軍は一大作戦を挙行し、華南ではバイアス湾に上陸して広東を占領し、華中では西進して長江ほとりの武漢三鎮を占領した。広東は海外からの対中支援物資を運び入れる港であり、武漢三鎮は中国奥部における政治経済の要衝であった。さすがの蔣介石も、この二拠点を失えば屈服するのではないか。こうした希望的観測が広まったため、戦争終結を期待する国民の熱視線が再び大陸に注がれた。

広東攻略の例を見てみよう。バイアス湾上陸は、次のように陸海軍共同で発表された。作戦の秘密を保護するため、上陸地点は「南支某方面」と伏せられている。

【大本営陸海軍部公表】（十月十二日九時三十分）
今暁我陸海軍の精鋭部隊は、緊密なる協同の下に、南支某方面奇襲上陸に成功し目下進撃中なり。本日同方面炎熱甚しきも、天気晴朗。海上静穏にして、陸海将兵の士気愈《いよいよ》旺盛なり（傍点引用者、以下同じ）

翌日にも再び発表が行われたが、こちらはまるで検閲で削除されたかのように地名がひとつひとつ伏せられた。

【大本営陸軍部発表】（十月十三日十時）
南支方面◯◯、◯◯、◯◯、及び◯◯附近我上陸部隊は、昨十二日正午早くも海岸より各各数粁《キロメートル》進出し、敵を全く奇襲したる結果、同時頃迄に一兵の損害もなし（以下略）

これでは何がなんだかわからない。「某方面」と一括せず、四ヶ所も伏せ字があることから、報道部の原案では「◯◯」に具体的な地名が入っていたものと思われる。作戦部の容喙《ようかい》で伏せ字にさせられたのだろう。それでもなんとか情報を出そうとした報道部の抵抗がうかがえる。

一方、報道部は新聞対策にも力を注いだ。この一大作戦に臨み、派遣班を現地に送り出したのである。現地で大本営報道部員が大本営発表を行い、それをそのまま新聞に報道させる。こうすれば、一部の社が抜け駆けしたり、大げさな記事を配信したりすることを抑制できるというわけだ。

毎日新聞の紙面からその一例を引いておこう。

【広東郊外本社特電】（平野、林、山下、荒木四本社特派員二十一日発）
大本営陸軍報道部派遣班二十一日午後七時半発表＝広東攻略を目指して進撃中の（中略）各部隊は（中略）、二十一日午後四時四十分広東東方四キロの沙河の線に進出して、広東の死命は完全にわが軍に帰したり。敵の大部は北方に向け退却中

大本営報道部派遣班の発表を、特派員が一言一句そのまま発信していることがわかる。これでは抜け駆けのしようもなかった。

さらに大本営報道部は、戦況を詳らかに知らせるため毎日何回も発表を行った。これだけの頻度で大本営発表が繰り返されたのははじめてのことだった。そしてときにその発表文は、難

解な文語ではなく平易な口語でも作られた。報道部はこのころ試行錯誤していたのである。

そうこうするうちに日本軍は予定どおりの目標を達成。二十二日午後四時三十分に広東市占領が、二十七日午後六時三十分に武漢三鎮完全攻略が、それぞれ陸海軍共同で発表された。武漢三鎮攻略のものを次に掲げる。

【大本営陸海軍部公表】（十月二十七日十八時三十分）
我が軍は、本二十七日午後五時三十分、陸海協力残敵を掃蕩し武漢三鎮を完全に攻略せり

大本営報道部の様々な対策により、広東・武漢攻略戦では、南京攻略戦のときのような報道の混乱は起こらなかった。報道部と新聞は、いまや持ちつ持たれつの関係で、国民に戦況を伝えるようになっていた。毎日新聞のように、自社で用意した飛行機が飛ばなかったために、武漢入城の記事と写真を陸軍の飛行機に輸送してもらうケースさえあった。

こうして報道部は、様々な利害関係者の間を取り持ちながら、徐々に大本営発表の技法を洗練させていった。この蓄積が、後年の大本営発表に活きていくことになる。

三年間鳴りを潜めた大本営発表

国民の期待に反し、広東・武漢が陥落しても日中戦争は終わらなかった。そしてその後、日本軍は戦局を打開するような大作戦を行うこともできなかった。そのため、一九三九年から太平洋戦争の開戦まで、大本営発表は再び下火となった。軍事衝突こそ何度か起こったものの、その戦況はほとんど現地の部隊から発表された。

一九三九年五月に満洲国とモンゴルとの国境で日ソ両軍が衝突したノモンハン事件を例にあげれば、戦況の報道はおおむね「関東軍司令部発表」「関東軍報道部発表」という形で行われ、同年九月十六日の停戦協定の成立によってようやく「大本営陸軍部発表」が行われた。

ノモンハン事件は、双方万単位の死傷者を出した本格的な戦闘だったにもかかわらず、大本営の意向によって地味な扱いに終始されたのである。

そのほか目立ったところでは、海南島奇襲上陸（一九三九年二月十日午前九時五十五分）、北部仏印進駐（一九四〇年九月二十三日午前十一時）、サイゴン上陸（一九四一年七月三十一日午前十一時）などが、陸海軍共同で大本営より発表された。

また、全般的な戦況や、大元帥である天皇に関わることも、大本営から発表された。注目すべき大戦果が減ったこともあり、この時期の大本営発表はもっぱらこの二点にしぼられた。

全般的な戦況では、「八月総合戦果」といった月例報告が多い。また「支那事変三周年総合戦果」といった特別な報告もまれに出された。もっともこれらは既報のまとめにすぎず、国民に与えるインパクトは小さかった。

大元帥である天皇に関わることでは、感状が「上聞に達した（天皇に報告された）」という発表が目立った。感状とは、目覚ましい活躍を遂げた部隊や個人に対して、司令官などから与えられる文書のことを指す。感状の授与は、天皇に報告されることもあったので、軍人にとって最高の名誉とされた。こうした発表も大本営報道部が担当していたのである。ただ、これも何か新しい戦果を公表するものではなく、その部隊や個人の関係者を除けば、あまり強い印象を国民に残さなかった。

したがって、この三年間の大本営発表はすっかり鳴りを潜めてしまったといえる。大本営発表が太平洋戦争の開戦からはじまったと思われているのも、こうした停滞が一因だろう。

情報局の発足と忖度する報道機関

ただこの静かな期間に、大本営報道部に関して三つの大きな変化が起きた。

ひとつめの変化は、情報局の設置である。

情報局は、各省にまたがる宣伝報道事務を統合するため、一九四〇年十二月に設置された。陸軍省情報部（一九三八年九月に新聞班が昇格）と海軍省軍事普及部も、このときに情報局に統合され解消された。22ページの図2のように、陸軍省と海軍省には報道部門が形を変えて残されたものの、その規模はこれまでに比べ大幅に縮小された。

この結果、大本営報道部は、以前よりも作戦報道や純軍事的な報道に集中できるようになった。もしこのとき業務をしぼっていなければ、太平洋戦争の開戦後に、彼らは激務でパンクしていたかもしれない。

ただそれ以上に大本営報道部にとって重要なのは、以前に比べて報道機関のコントロールがやりやすくなったことだ。従来の大本営報道部の組織では、厖大な数の新聞や雑誌すべてに睨みを利かせるのは難しかった。ところが、巨大な情報局の発足によってそれが可能になった。情報局には大勢の陸海軍軍人が職員として送り込まれたので、軍部の意向も反映させやすかった。

情報局の権限は多岐にわたったが、ここでは用紙の配分権を例にあげよう。これはきわめて強力な武器だった。情報局がひとたび用紙の供給を止めてしまえば、どんな新聞も雑誌も、たちまち廃刊に追い込まれてしまうからである。報道機関は情報局を恐れ、その意向を忖度し、処分されないよう進んで国策を支持せざるをえなくなった。こうなっては、もはやジャーナリズムは死に体だった。

いまから振り返ると、政府・軍部が着々と新聞統制の仕組みづくりを進めていたことがわかる。一九三八年八月に「国家総動員法」にもとづき「新聞用紙供給制限令」が発令され、一九四〇年五月に新聞雑誌用紙統制委員会が設置された。情報局はこの委員会を所管して、新聞に対して隠然たる力を発揮したのである。

さきにもあげた陸軍報道部員の平櫛孝はこう述べている。

「各社のベテランは、軍の考えていること、軍の望むところ、はては報道部の嗜好まで先刻承知していて、その献立に異議をさしはさむ余地はなかった。(中略)今にして思うと、こういうのを自己検閲、あるいは御用新聞、御用雑誌というのであろう。(中略)どうしてこうも円滑に、ことが運ぶのかと考えたが、それは、雑誌担当の私が、内閣(新聞雑誌)用紙統制委員という宝刀を持っていたためであったのではなかろうか。当時の出版社にとって、用紙の割当ては、何ものにもかえがたい糧道である」

かくて大本営報道部は、新聞をはじめとする報道機関のコントロールにかつてほど悩む必要がなくなった。太平洋戦争中、報道機関は大本営発表をそのまま垂れ流す拡声器と化すが、その準備はこのときすでにできていたわけだ。

記者を軍属として徴用する報道班員制度

ふたつめの変化は、報道班員制度の開始である。

これまで新聞記者たちは、会社員の身分で軍の部隊に同行し、取材活動を行っていた(従軍記者)。そのため、大本営報道部はその動きを完全にコントロールできず、随分と手を焼かされた。

そこで報道部は、一九三九年に制定された「国民徴用令」にもとづき、記者をはじめとする文化人を軍属として徴用し、軍の命令のもとで宣伝報道に従事させることを考えついた。これが報道班員という制度である。紛らわしいが、大本営報道部の軍人は「報道部員」で、その命令のもと宣伝報道に従事する軍属が「報道班員」と呼ばれる。

すでに第二次世界大戦に突入していた同盟国ナチ・ドイツには、「宣伝中隊」という同種の制度が存在した。大本営報道部は、この「宣伝中隊」を範として、一九四一年四月に報道班員制度を準備しはじめ、同年十二月に第一回の徴用を開始した(海軍側の証言)。

こうして、戦地の記者を統制下に置きたいという軍部の念願は実現した。このため、記者たちが前線から発する「基地特電」は、ほとんど軍部の発表と変わらなくなってしまった。太平洋戦争中の新聞記事には、様々なところに軍部の意向が反映されていたのである。

なお、同じころ国内の記者に対する締め付けも強化された。同年十一月、閣議決定にもとづき従来の「乱立無統制」な記者クラブが全廃され、新たに日本新聞連盟(新聞の統制機関)の下に各省の記者会が設けられたのである。これ以降、記者の登録には同連盟の審査が必要になった。陸軍省記者倶楽部と黒潮会は名前こそ残ったものの、その実態はもはや大本営報道部の下請けにほかならなかった。

平出英夫の着任と海軍報道部の躍進

そして三つめの変化は、陸軍報道部と海軍報道部の内部で起きた。それまで有力だった陸軍報道部が凋落し、反対に弱体だった海軍報道部が躍進してきたのである。最後にその事情をやや詳しく見ておきたい。

一九四〇年七月、大本営海軍報道部課長に平出英夫大佐が着任した。フランス駐在武官補佐官やイタリア駐在武官を歴任した平出は、社交的で話すのがうまい人物だった。ニュース映画にその映像が残っているが、実によどみなく朗々と美声を披露している。

そのうえ平出は、小粋な身なりでも知られた。髪はそのころ流行りのセンターわけ。福徳円満な丸顔にチョビ髭を生やし、パリかローマで買ったらしいフチ無し眼鏡をかけ、イタリア製の白靴をはいていた。こうしたメディア映えする帝国軍人は珍しく、おのずと世間の耳目を引きつけた。そのため、「東条、平出、双葉山」なる言葉さえ生まれたという。

平出は課長だったので、そのうえには報道部長がいた。ただ、海軍報道部では平出が実務を担ったため、その存在は大きかった。

さらに平出には、もうひとつ重要な点があった。それは同年十月に着任した大本営第一（作

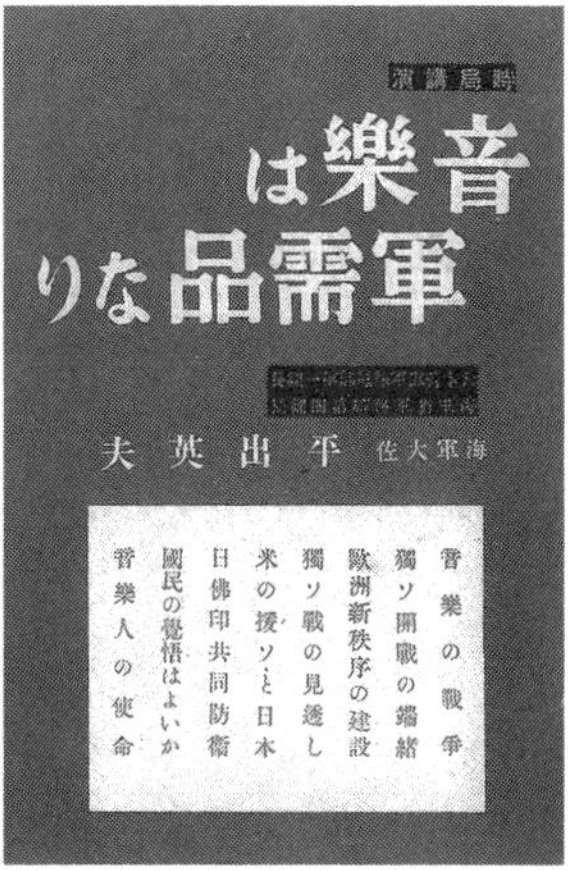

海軍きっての雄弁家、平出英夫報道課長。その講演や演説はレコードや冊子にもなった。右は有名な講演録『音楽は軍需品なり』。

戦）課長の富岡定俊大佐と海軍兵学校の同期（四十五期）で親友だったということである。

さきにも述べたとおり、報道部は作戦部（特にその枢要たる作戦課）の許可がなければ、情報発信ができなかった。ところが、作戦部はエリート意識を鼻にかけ、報道部に対して必ずしも協力的ではなかった。作戦部は、いわば報道部の内なる「敵」でもあった。だが、海軍では平出と富岡の個人的な人間関係によってこの問題が解消された。その結果、海軍報道部は以前よりも自由闊達に報道を行えるようになったのである。

また、これも先述のとおり、一九四〇年十二月の情報局発足によって、新聞に対しても以前より睨みが利くようになった。

つまり、海軍報道部は平出の着任以降、作戦部の説得と報道機関の統制をしやすい体制が整ったというわけだ。その結果行われたのが、一九四一年五月二十七日の海軍記念日のラジオ放送だった。平出は及川古志郎海相に続いてマイクの前に立ち、午後八時から三十分にわたって、「海戦の精神」と題する演説を行った。

その内容たるや、凄まじかった。平出は、帝国海軍が五百余隻の艦艇と四千余機の航空兵力を保有し、独自の必殺的戦法を練っていると豪語。「軽々しく我に挑戦するものあらばこれを一挙に粉砕せん」と叫び、「今日の世界情勢から日本が（第二次世界大戦に）参戦することなしと断言することは誰にもできない」と挑発的に論を結んだ。

これは明らかに誇大な主張で、「サイレント・ネイビー」の伝統を打ち破るものだった。陸軍は呆気に取られ、海軍の穏健派は苦虫を嚙み潰した。平出と親交のあった小説家の吉屋信子など、この放言で彼の免職は間違いなしだと心配した。それほど衝撃的な放送だった。

一九三九年九月まで五年十ヶ月にわたって軍事普及部に勤務した松島慶三は、戦後の自伝的小説『海軍』で、このような海軍報道部の激変ぶりを次のように表現している。「（自分が在籍した）当時は、消えなんとする小さい燭火のようなものであったが、今は、煌々たるアークライトが光り輝いているようであった」

また、新しい海軍報道部はメディアの扱いも手馴れていた。このころ海軍省内に「報道部別室」なる部屋を設け、そこに報知新聞の元記者らを囲い込んだ。平出の演説原稿も、こうした記者たちによって書かれたものといわれる。軍人がゼロから書くよりも、記者経験者に書かせたほうがいいものができるというわけだった。

片や、海軍記念日の演説を取り上げなかった朝日新聞に対しては「なぜ掲載しなかったのか」と問いつめ、翌日の紙面に演説の内容を無理やり掲載させた。硬軟織り交ぜた巧みな報道対応。これもまた「サイレント・ネイビー」の伝統を払拭するものだった。

かくて、海軍報道部は飛躍的にその能力を高めたのであった。

ちなみに、一九四〇年十月には富永謙吾少佐（陸軍省人事局長・富永恭次少将の弟）が海軍報道部に配属された。富永は戦後に戦史研究家となり、『大本営発表の真相史』などを著して、大本営発表は太平洋戦争の開戦よりはじまったと主張した。今日では定説となっているが、これが間違っていることはすでに述べた。ただ、富永が勘違いしたのも無理はない。このころにはほとんど大本営発表が途絶えていたからである。彼もまた、記憶を上書きされた人物のひとりだった。

宣伝報道の専門家が集まる陸軍報道部

一方、陸軍報道部は凋落の憂き目に遭った。

すでに述べたとおり、陸軍は海軍に比べて宣伝報道を重視していた。それは歴代の大本営陸軍報道部長を見てもわかる。太平洋戦争の開戦までその職には六人が補職された。最初のふたり、原守と佐藤賢了（後者は「黙れ」事件で有名）は必ずしも宣伝報道の専門家ではなかったが、続く三人、清水盛明、松村秀逸、馬淵逸雄は、いずれも宣伝報道に習熟した軍人たちだった。

清水盛明大佐（部長就任時の階級、以下同じ）は、一九三四年三月に陸軍省新聞班に配属された。同年、陸軍パンフレット『国防の本義と其強化の提唱』を起草。有名な「たたかひは創造の父、文化の母である」という文句は、彼の創意である。一九三八年九月に新聞班が情報部に昇格したときも残留し、同年十二月には同部長に就任した（大本営陸軍報道部長兼任）。語学堪能で文化に造詣が深く、新聞には「筆と音楽の武人」と紹介された。

その次の松村秀逸中佐もまた、新聞班の在籍が長い軍人だった。一九三五年八月新聞班に配属されて以降宣伝報道一筋に進み（一時、関東軍の新聞班長に就任）、一九三九年十二月清水の後を継いだ。松村は、記者クラブとの懇親会でいきなり立ち上がり、ヒトラーの『わが闘争』の一節をドイツ語で演説しはじめたこともあったという。トリッキーな逸話だが、演説や宣伝に強い関心があったのは事実だろう。松村はその豊かな経験を買われ、太平洋戦争中にもう一度報道部長に就任することになった。二回も同職に補せられた軍人は、新聞班時代を含めて彼しかいない。

続く馬淵逸雄大佐はより実戦派の報道担当者だった。一九三七年七月に新聞班に配属。日中戦争の勃発を受けて、翌月上海派遣軍の報道部員に任ぜられた。そのため馬淵は、南京攻略をめぐる新聞各社の報道合戦を現地で目の当たりにすることになった。

翌年二月中支那派遣軍が編成されると、馬淵はその報道班長に就任。このとき馬淵は、陣中で芥川賞を受賞した兵隊作家の玉井勝則伍長（筆名、火野葦平）を報道部に引きぬいた。その文才を宣伝報道に利用できると踏んだのである。果たして徐州作戦に取材した火野の小説『麦と兵隊』は大ヒットし、同題の軍歌まで生み出した。馬淵の目論見はみごとに当たったわけだ。

その後馬淵は、一九三九年三月に中支那派遣軍報道部長、同年九月に支那派遣軍報道部長に就任。戦地における宣伝報道の最高責任者としてその名を轟かせた。こうして現地部隊の報道を隅々まで経験した馬淵は、一九四〇年十二月、陸軍報道部長に補職され満を持して東京に帰ってきた。

支那派遣軍報道部長を経て、大本営陸軍報道部長に就任した馬淵逸雄大佐。活躍が期待されたはずだったが……。

馬淵は陸軍報道部長に着任するや

「報道部員の心得」と題する小冊子を配布し、「人に親切であれ。報道部員は素人であれ、玄人ぶるな」などと説いた。宣伝報道の実務経験を活かしたものだったのだろう。馬淵は、この戦乱の時代の報道部長として最適の人材だった。新聞記者たちからの評判も悪くなかった。このまま馬淵が報道部長であったならば、太平洋戦争開戦後の陸軍の報道もまたひと味違ったものになっていたに違いない。このときまで陸軍報道部に凋落の兆しはなかった。

馬淵逸雄の更迭と陸軍報道部の凋落

だが、そこで事件は起きた。

一九四一年十月、馬淵は、付き合いのあった政治家の中野正剛に誘われてある演説会に赴いた。馬淵はすぐ帰るつもりだったが、中野に熱心に勧められて、壇上の椅子に座ってしまった。中野はこれをいいことに、当時の第三次近衛文麿内閣を批判する演説を展開。会場では警官と憲兵が監視していたが、天下の報道部長が傍らに鎮座していたために、中止命令を出せなかった。こうして中野は、馬淵が予定どおり中座したあとも、誰にも妨害されることなく政府批判の弁舌を振るい、意気揚々と会場を引き上げたのだった。

この演説事件はただちに陸軍省に伝わった。激怒したのは「カミソリ」の異名を取る東条英機陸相である。報道部長の要職をなんと考えているのか。まるで陸軍が中野の意見を後押ししているみたいではないか――。

さすがに東条の行動は電撃的だった。なんと事件の翌日、馬淵に歩兵第七十八連隊長の辞令が届けられたのだ。着任して一年もたっていないのに、歴戦の報道部長を一連隊長に異動させるのは異例だった。東条の差金による左遷と考えて間違いないだろう。もっとも、馬淵も宣伝報道の責任者として軽率だったのは否めない。

急遽異動が決まったため、後任にはこれまで報道とまったく縁がなかった陸軍大学校教官の大平秀雄大佐が補職された。彼こそ六人目の陸軍報道部長にあたる。

この大平がとてつもないミスキャストだった。「大平は生来内向型で、人と話すことも好きでなく、また話し下手」「お世辞にも報道部長に適格とはいえない性格で、陸軍省詰の記者や来訪出入の外部の人との折衝も好きでなかったようだ」。なんとも辛辣な人物評だが、これは、同年十二月に陸軍報道部に配属された平櫛孝少佐――つまり大平の直属の部下――による戦後の回想である。

同じころ、海軍報道部の平出課長は黒潮会の記者たちとの懇親会で、酔っ払って「大本営発表をやるゾ。米戦艦『ノースカロライナ』撃沈……」ときわどい冗談を飛ばしていた。陰気な大平と陽気な平出。ふたりの性格はあまりに対照的だった。

平櫛はまた、陸軍報道部をも「やぼてん人間の集りだった」と述べている。たしかに彼が着任したときはそうだったかもしれない。元報道部長の清水盛明は、この時期の報道部について「著しいレベルダウンだった」と戦後に嘆いていたといわれる。もともと作戦報道をリードしていた陸軍報道部も、転落するときは一瞬だった。

かくて陸軍報道部と海軍報道部の立場が逆転してしまった。そして陸軍報道部にとってはまことに都合の悪いことに、この状態で太平洋戦争の開戦を迎えてしまうのである。

準備万全で迎えた十二月八日の開戦

こうして、一九四一年十二月八日に戻ってきた。

この日の朝早く、大本営陸軍報道部より「六時から重大発表があるので、至急集まってくれ」との呼び出しが各新聞社、同盟通信、日本放送協会に入った。記者たちは未明の呼び出しにただならぬ気配を感じながら、三宅坂にある陸軍省へと向かった。

陸軍省では、大平秀雄部長以下、陸軍報道部員の面々が待ち構えていた。また、陸海軍の協同発表だったため、海軍報道部から田代格中佐も乗り込んできた。発表までの時間は、まさに嵐の前の静けさだったという。

そして予定の午前六時、陸軍省新聞記者室で運命の発表がはじまった。古ぼけた世界地図の前に大平部長が立ち、その脇を陸軍報道部員の堀田吉明中佐と冨永亀太郎少佐、海軍報道部員

開戦発表の様子。左から堀田吉明中佐、大平秀雄大佐（陸軍報道部長）、田代格中佐、冨永亀太郎少佐。

の田代中佐が固めた。発表文を読み上げるのは、大平の甲高い声である。

「大本営陸海軍部発表。十二月八日六時。帝国陸海軍は本八日未明西太平洋において米英《べいえい》軍と戦闘状態に入れり」

発表の場に居合わせた冨永は、このときの様子をこう戦後に回想している。

「不意の召集に、感情をこわばらせ、かけつけた記者諸君は、大平部長の一言も漏らさじ、と真剣にペンを走らせる。息つまる緊張の一時である。発表が終ると、歓声とも怒号ともつかぬざわめきがおこり、同時にダイヤルをせわしくまわすもの、大声でなにごとかを叱咤するもの、原稿片手にとび出すもの、（記者）クラブは一瞬叫喚のるつぼと化した」

実は、大平たちはこの発表をもう一度繰り返している。それは、この歴史的な場面を映像として残すためだった。最初の発表は、突然だったため機材の準備ができておらず、撮影されていなかったのである。

とはいえ、二度目の発表もすぐあとに撮影されたものなので、当時の様子をよく捉えている。この映像は、「日本ニュース」の第七十九号として今日でも見ることができる。興味のある方は、インターネットで検索されるとよいだろう。

やり直しだったにもかかわらず、大平は、まるではじめて人前で発表する中学生のようにガチガチに緊張している。ただでさえ甲高い声は、ときどき緊張のあまり裏返ってしまうありさま。口下手で会話を好まなかったという証言は本当だったようだ。大本営発表は普段一般の部員たちによって行われたが、重大な発表はこうして部長自ら行わざるをえなかった。

なるほど、当時はこうしてカメラで撮影されること自体が珍しかった。大平の両隣にいる堀田や田代らにもいささか緊張の色が見える。ただそれでも大平の口下手ぶりは尋常ではなかった。

とにもかくにも、こうして六時に開戦は発表された。ただ、一般国民への情報解禁は七時のラジオと決まった。当時のラジオは日本放送協会の一局である。

陸軍報道部につめていた同局の永井順一郎は、所属する報道部ではなく、放送の緊急対応を行う指揮室に開戦発表の原稿を送った。突然の開戦発表に、気が動転してしまったのかもしれない。そして七時五分前ごろ、指揮室の和田信賢から報道部の田中順之助に電話が入った。「たいへんだ、たいへんだ、すぐに原稿をとってくれ」。開戦の発表だ。あわてて書き取る田中の手は震えた。

田中はただちに逓信局に電話して臨時ニュースの許可を取った。そしてスタジオに飛び込んで、待機するアナウンサーの館野守男に走り書きの原稿を渡した。「いま大本営から、電話で大ニュースが入った」。そのとき、ちょうど七時の時報が鳴った。館野はすぐに臨時ニュースのチャイムを鳴らした――。その後のことは本章の冒頭で述べたとおりである。まさにギリギリの伝言だったのだ。

なお、大平は大本営発表の「米英軍」をそのまま「べいえい軍」と発音したが、館野は聞き取りやすいように「アメリカ・イギリス軍」と発音した。そのため、今日残っている音声・映像には二パターンのアナウンスが存在する。

かくて、太平洋戦争の開戦を告げる大本営発表は行われた。このときすでに大本営報道部には、宣伝報道のノウハウが十分に蓄積されていた。特に海軍報道部の準備は万全だった。では、次章では開戦後の大本営発表を見ていくことにしよう。

第二章 緒戦の快勝と
海軍報道部の全盛
（一九四一年十二月〜一九四二年四月）

大本営発表は「読む」から「聴く」へ

一九四一年十二月八日。日本軍の攻撃により、アジア太平洋地域で戦争の火蓋は切られた。香港、フィリピン、マレー、グァム、ウェーキ、ハワイ……。日本軍は全戦線で破竹の進撃を続け、「無敵皇軍」の名をほしいままにした。

連戦連勝を隠す理由はない。大本営報道部は、各地から送られてくる戦況を、数時間おきにどしどし発表した。その結果、大本営発表の数は八日だけで十回、十二月全体で九十回にも及んだ。これに加え、報道部員の談話なども数多く出された。その情報量とスピード感は、開戦前とは比べものにならなかった。

こうした大本営発表は、戦争報道を一変させた。これまでの新聞に代わり、ラジオが全国に大本営発表を速報する役目を担うようになったのである。

新聞は紙なので、印刷し、配布しなければならない。日中戦争のときのように情報量が限られていれば、まだそれでも対応できたかもしれない。だが、太平洋戦争の迅速かつ厖大な戦況発表は、それを完全に不可能にしてしまった。物資不足によって用紙を制限されたことも、新聞にとっては痛手だった。

これに対し、ラジオはスピードで圧倒的に有利だった。ラジオ受信機の普及がネックだったものの、その契約者数は日中戦争がはじまった一九三七年度より倍増し、一九四一年度には六百六十二万余件に達した。これは、家族や同僚などと集団で聴くには十分な数だった。用紙制限に苦しむ新聞をよそ目に、ラジオは国民的なメディアに成長していたのである。

こうして「読む大本営発表」から「聴く大本営発表」の時代が到来した。その象徴が軍歌だ。大本営発表といえば、勇ましい軍歌とセットで放送されたというイメージがある。これもラジオならではの演出だった。十二月八日には、「敵は幾万」と「軍艦行進曲」がニュースのあとに放送された。そして十一日からは、大きな戦勝ニュースの前後に、陸軍の戦果の場合は「陸軍分列行進曲」、海軍の戦果の場合は「軍艦行進曲」、陸海軍合同の戦果の場合は「敵は幾万」が放送されることになった。

「陸軍分列行進曲」と「軍艦行進曲」は、それぞれ陸海軍の制式行進曲であり、「敵は幾万」は日清戦争前に作られた日本最初期の軍歌である。どれも当時の日本人なら誰もが知っている軍歌だった。太宰治は短編「十二月八日」でその様子を描写している。

「ラジオは、けさから軍歌の連続だ。一生懸命だ。つぎからつぎと、いろんな軍歌を放送して、たうとう種切れになつたか、敵は幾万ありとても、などといふ古い古い軍歌まで飛び出して来る仕末なので、ひとりで噴き出した。放送局の無邪気さに好感を持った」

これら以外にも、ニュースとニュースの合間などに、様々な軍歌や行進曲が放送された。大本営発表と音楽はこれまでになく密接に結びついたのである。

大本営報道部と癒着する記者クラブ

もっとも、大本営報道部が新聞を軽視するようになったわけではない。速報の役目こそラジオに譲ったものの、新聞は写真や解説などによってその速報をより深く国民の間に浸透させる機能があった。そのため、報道部員たちは新聞の内容に様々な形で関与した。もはや新聞側にこれをはね返す力は残っていなかった。

そのことを象徴するエピソードがある。大本営報道部の関係者の間では、大本営発表はなんと「朝刊」「夕刊」と呼ばれていたというのだ。海軍報道部の富永謙吾少佐は、次のような会話を戦後の著作で紹介している。

新聞記者「今日は夕刊が出ますか」

報道部員「出してもいいが、締め切りに間に合いそうにもないからやめよう。その代わり明日の朝刊は三本だよ」

本職の新聞記者たちが大本営発表を「新聞」扱いし、反対に報道部員たちが新聞の締め切りを気にする。大本営報道部と新聞社の一体化をこれほど示すものもあるまい。

事実、大本営報道部が何をどれくらい発表するかによって、新聞の紙面は大きく左右された。

そのため、黒潮会の間では、新聞担当の報道部員に対して「大編集長」というあだ名がつけられた。もちろん皮肉である。報道部員のなかには、前のめりになって、見出しの活字の大きさや何段抜きの注文まで出す者もあった。こうした者に対してはさらに「整理部長」というあだ名までつけられそうになった。

活字や段組みだけではない。報道部員たちは、大本営発表のあと、その補足説明や資料の配布を行った。新聞記事はこうした説明や資料にもとづいて書かれるため、これは世論を誘導するうえで重要な仕事だった。こうして、大本営報道部は大本営発表の解説や解釈にまで介入し、紙面を完全にコントロールしたのである。

陸軍担当の読売新聞記者の藤本弘道は、戦時中に刊行した『戦ふ大本営陸軍報道部』のなかで、こう述べている。「報道を生命として働く大本営陸軍報道部と陸軍省記者会とは、とけあつて一体となり、主柱の一翼となつて、報道戦線を身をもつてかけまはつて努力してゐるのです」。戦時下の刊行物とはいえ、当時の状況をうまく物語っている。戦時下の記者クラブは、まさに大本営報道部と一体化していた。

こうした癒着関係を使って、記者クラブは商売敵のラジオに対して、その速報を一部中止するよう要求することもあった。なんでもかんでも速報されては、新聞のメンツがつぶれるというわけだ。今度は海軍担当だった中外商業新報（日本経済新聞の前身のひとつ）記者の岡田聰の証言に耳を傾けてみよう。こちらは戦後の著作『戦中・戦後』からである。「重大ニュースであれば、一刻も早く国民に知らせるべきであるが、それでは新聞社のメンツが立たない。(中略)報道部も同じ考えで、黒潮会の態度を当然と解釈してわれわれの意見を尊重していた」

商売敵のラジオに対しては強気。反対に、権力に対しては従順。これでは権力のチェックどころではない。かくて日本の新聞は完全に大本営報道部の拡声器と化してしまった。

なお、当時の新聞を読む限り、一九四一年十二月八日以降に出された大本営発表の数は八百四十七回にのぼる。従来の研究では八百四十六回とされていたが、ふたつの数え漏らしとひとつのダブルカウントが確認できたので正確ではない。詳細は巻末の参考文献欄にまとめたので、参照されたい。以下では、著者が独自に集計した数字にもとづいて論述を進めることにする。

驚異的な戦果をあげた真珠湾攻撃

それでは、具体的に大本営発表の内容を見ていきたい。ラジオの時代になり、大本営発表の内容にはどのような変化があったのだろうか。

まず、当時「ハワイ海戦」と呼ばれた真珠湾攻撃を取り上げてみよう。

十二月八日午後一時、霞が関にある海軍省の記者室において、開戦後はじめて大本営海軍部の発表が行われた。海軍の第一声ということで、報道部長の前田稔少将が発表文を読み上げた。

海軍報道部の発表風景。上の写真中央は、前田稔報道部長。下の写真中央は平出英夫報道課長。記者室は狭く、4、50人が入ると身動きが取れないほどだったという。

脇を固めるのは、報道課長の平出英夫大佐、古橋才次郎中佐、富永謙吾、唐木和也、浜田昇一の各少佐らである。

【大本営海軍部発表】（十二月八日午後一時）

一、帝国海軍は本八日未明ハワイ方面の米国艦隊並《ならび》に航空兵力に対し決死的大空襲を敢行せり（以下略）

前田部長はどちらかといえば訥弁で、声は小さく、しかも九州訛りがあって発音の明瞭さを欠いたらしい。そのため、能弁な平出課長が宣伝報道の中心に立ったことは前章で述べたとおりだ。そんな前田部長も発表後にこう吼えた。「さあこれからだ、やるべきときは断乎としてやる！　国民諸君は我が海軍を信じて、あくまで平静に銃後の護りを固くしていただきたい」「やるときはやる」。前田がいうとおり、海軍の発表は華々しかった。真珠湾は、米国太平洋艦隊の根拠地である。まさか開戦初日にここを叩くとは。報道陣も国民もこの発表に色めきたった。一体どのような戦果を収めたのだろうか。海軍の部隊は無事だったのだろうか。国民の興奮も冷めやらぬ同日午後八時四十五分、その詳細が早くも発表された。

【大本営海軍部発表】（十二月八日午後八時四十五分）
一、本八日早朝帝国海軍航空部隊により決行せられたるハワイ空襲において現在までに判明せる戦果左の如し
戦艦二隻轟沈　戦艦四隻大破　大型巡洋艦約四隻大破
以上確実、他に敵飛行機多数を撃墜撃破せり、わが飛行機の損害は軽微なり
二、わが潜水艦はホノルル沖において航空母艦一隻を撃沈せるものの如きもまだ確実ならず（以下略）

内容を詳しく検討する前に、簡単に軍艦の種類について述べておこう。

戦艦は、分厚い装甲と巨大な大砲を備えた海軍兵力の根幹となる艦種である。当時最強の軍艦とされ、主力艦とも呼ばれた。戦艦を沈めるためには戦艦で対抗するほかなかったため、海軍国はどこも厖大な国費を投じて他国より巨大な戦艦を建造しようとした。とはいえ、戦艦はとても高価だったため、大量に揃えることは難しく、英米に続く世界三位の海軍国であった日本でも、太平洋戦争の開戦時には十隻しか戦艦を運用していなかった（開戦後に二隻竣工、最盛期には十二隻体制）。それくらい戦艦は重要で貴重な艦種だった。

一方、航空母艦（空母）は、飛行甲板と格納庫を備え、飛行機を離発着させられる最新鋭の

艦種である。戦艦に比べ防御力は弱いものの、飛行機を使って大砲の弾が届かない遠距離から標的に対して高速かつ精密な攻撃を加え、飛行機を収容したらさっと引き上げるという、機動的な作戦を展開することができた。真珠湾攻撃はまさにその成功例だった。日本海軍は六隻の空母を真珠湾攻撃に集中投入。世界ではじめて空母中心の艦隊（機動部隊）を積極的かつ効果的に運用し、不沈を誇った戦艦をいとも簡単に葬り去ったのである。これによって、戦艦の優位が崩れ、空母の時代が到来したといわれる。

太平洋戦争は、海戦の主役が戦艦から空母へ入れ替わる過渡期だった。戦艦もまだ重視されていたので、当時は戦艦と空母が二大主力艦だったといえる。それゆえ、世界中の海軍軍人たちは、このふたつの艦種をいかに沈めるかに心血を注ぎ、脳漿をしぼった。戦艦と空母の喪失は、その海軍の死を意味したからだ。

以上のことを踏まえて、改めてさきの大本営発表を見てみよう。日本海軍は開戦初日にして、戦艦二隻を轟沈（攻撃を与えて一分以内に撃沈すること）し、戦艦四隻を大破（修理不能またはきわめて困難な状態）に追い込み、さらに空母一隻まで不確実ながら撃沈したというのだ。いかに工業国の米国とはいえ、これは手痛い損害だった。

対米開戦に不安を覚えた日本人も、これで「さすがわが無敵海軍だ、米国何ぞ恐るるに足らん」と一気に躍り上がった。ところが、真珠湾攻撃の戦果はこれだけにとどまらなかった。

正確な報道をめざして戦果を修正

海軍報道部の前田部長は、翌九日ラジオに出演し「わが海軍の戦況報道に当って、特に正確を期するため或は作戦上の要求等のため、発表時期が若干おくれることがあると思ふが、決して心配することなく、安心して正確なわが報道を信頼していただきたい」と述べた。その後の歴史を知るわれわれには白々しく感じられるが、しかし、この当時の海軍報道部の態度はおおよそこの言葉のとおりだった。

これを証明するように、真珠湾攻撃の戦果は三度にわたって修正された。

まず、十三日午後三時の大本営海軍部発表で、「戦艦二隻轟沈」が「戦艦三隻撃沈」に修正された。上方修正ではあるものの、そのときの説明がたいへん興味深い。「ハワイ海戦において主力艦の撃沈せられしもの三隻なりとは米側において逸早く発表せるところなるが、わが海軍においては十分慎重を期し、各方面の報告を待つてその実証を確めたる上、今回の発表を見るに至りたるものなり」。つまり、米国側がすでに三隻沈没と発表していたものの、海軍はこれを鵜呑みにせず、慎重に様々な情報を突き合わせて「間違いなし」と確認が取れたもののみを、こうして発表したというのである。なんとも慎重な態度ではないか。

次に、十八日午後三時の大本営海軍部発表で、真珠湾攻撃の総合戦果が発表された。それは、戦艦五隻撃沈、戦艦三隻大破、戦艦一隻中破（修理可能と認められる状態）などという衝撃的な内容だった。そのほか、飛行機の破壊・撃墜は四百六十四機以上にのぼった。対する日本側の損害は、飛行機二十九機と特殊潜航艇五隻のみ。今日様々に評せられる戦いではあるものの、戦術的には圧倒的な勝利にほかならなかった。海軍報道部はこう豪語した。「米太平洋艦隊並に布哇《ハワイ》方面敵航空兵力を全滅せしめたること判明せり」

高性能なカメラや偵察衛星がない当時、海戦の戦果確定は困難をきわめた。不鮮明な写真や物証のない証言などにもとづいて、評価を下さなければならなかったからだ。そんななかで、大本営海軍部の発表はおおむね正確だった。戦艦の損害についていえば、大本営発表では九隻（うち撃沈五隻）だったが、実際の損害は八隻（うち撃沈・着底四隻）。しかもその差の一隻は、旧戦艦の標的艦「ユタ」を現役の戦艦と誤認したものだった。当時としてはなかなかの精度だったといえよう。

むしろ、日本側にとって最大の誤算は、撃沈したはずの戦艦が「復活」したことだった。真珠湾は浅瀬だったため、米海軍は撃沈された戦艦を引き上げ、修理・改装し、戦線に復帰させてしまったのである。また日本側から見た「大破」も、米国側にとっては「中破」「小破」にすぎなかった。その結果、完全に喪失された戦艦は、「オクラホマ」「アリゾナ」の二隻にとどまった。悲しいかな、これが日米間の工業力・科学力の差だった。なお、「飛行機二十九機と特殊潜航艇五隻」という日本側の損害は完全に正しい数字だった。

さらに十八日の発表では、なんと戦果の下方修正も行われた。上方修正と異なり、下方修正は大本営の判断ミスを認めたということになる。その箇所は次のとおり。

【大本営海軍部発表】（十二月十八日午後三時）

四、八日撃沈せるも確実ならずと発表したる敵航空母艦は沈没を免れ○○港内に蟄伏《ちつぷく》中なること判明せり

さきに発表した空母の撃沈は、こうして取り消された。実際、真珠湾攻撃で米国の空母は一隻も沈んでいなかった。このころの大本営報道部は、自らのミスを認めるほど「正確な報道」を心がけていた。ほかにも、同時期の大本営発表には、「明確ならず」（十二月九日）、「撃沈せるものの如し」（十二月十日）など、慎重すぎるほどに断定を避ける表現が目立った。

たしかに「米太平洋艦隊全滅」はやや大げさな表現だった。撃沈したはずの戦艦の復活も、日本軍にとっては手痛い誤算だった。ただ、後年に比べれば、この時期の大本営発表の内容はまだ良心的だったといえる。

では、まったく欺瞞はなかったかといえばそうではない。不作為ではなく、確信犯的な虚偽

も十八日の大本営発表には含まれていた。それは特殊潜航艇の戦果に関する部分だ。だが、これについてはのちに触れることにする。

マレー沖海戦と物語調の発表文

ラジオ時代になって大きく変わったのは、大本営発表の「文体」だった。それを真珠湾攻撃に続く海軍の大戦果、マレー沖海戦で見てみよう。

十二月十日、海軍航空隊はマレー半島東岸を航行中の英国東洋艦隊主力に対し、数次の空爆を行い、戦艦「レパルス」と戦艦「プリンス・オブ・ウェールズ」を撃沈した。これがいわゆるマレー沖海戦である。

重装甲の戦艦は、停泊中や故障中に奇襲でも受けない限り、航空機の爆撃や雷撃では沈まないとされていた。ところが、日本の海軍航空隊はこの従来の常識を打ち破り、作戦行動中の戦艦を二隻も——しかも「プリンス・オブ・ウェールズ」は最新鋭の戦艦だった——沈めてしまった。マレー沖海戦は、海戦史を書き換える戦いだったのである。英国首相チャーチルは戦後の回想録のなかで、「戦争の全期間を通じて、私はこれ以上のショックを受けたことがなかった。私はベッドの上で身もだえした」（毎日新聞社訳）と書いている。それほど衝撃的な勝利だった。

マレー沖海戦の勝報は、さっそく大本営海軍部に届けられた。作戦部は「やったやった」と躍り上がり、報道部は「しめたしめた」と飛び上がった。作戦部に異存がなければ、報道部の発表も早い。かくて電撃的に発表が行われた。「プリンス・オブ・ウェールズ」撃沈は午後二時五十分、大本営海軍部発表は午後四時五分のことである。

マレー沖海戦の詳細は、次に掲げた発表文を読んでもらえば大体わかるだろう。このような物語調の発表文はこれまで例がなかった。

【大本営海軍部発表】（十二月十日午後四時五分）

帝国海軍は開戦劈頭《へきとう》より英国東洋艦隊、特にその主力艦二隻の動静を注視しありたるところ、昨九日午後帝国海軍潜水艦は敵主力艦の出動を発見、爾後《じご》帝国海軍航空部隊と緊密なる協力の下に捜索中、本十日午前十一時半マレー半島東岸クワンタン沖において再びわが潜水艦これを確認せるをもつて、帝国海軍航空部隊は機を逸せずこれに対し勇猛果敢なる攻撃を加へ、午後二時二十九分戦艦レパルスは瞬間にして轟沈し、同時に最新式戦艦プリンス・オブ・ウエールズは忽ち左に大傾斜、暫時遁走せるも間もなく同二時五十分大爆発を起し、遂に沈没せり。こゝに開戦第三日にして早くも英国東洋艦隊主力は全滅するに至れり前出の中外商業新報記者の岡田聰は、この大本営発表を「大変センテンスの長い悪文」と書いている。なるほど、文章だけで読むとそう見えるかもしれない。だが、ラジオで聴くとしたらどうだろう。これくらいの長さがないと、聴取者の関心を引けないのではないか。まして読み上げるのは、あの雄弁家の平出課長なのである。ラジオに耳を傾けたひとびとは、まるで軍記物の講談のように、心を躍らせて発表を聴いたに違いない。この物語調の発表文はそれゆえ、むしろ「聴く大本営発表」時代を象徴する事例として捉え直されるべきだろう。

発表文を起草したのは、開戦の大本営発表に居合わせた田代格中佐である。田代は小説家の吉川英治に師事し、そのアドバイスを受けながら（と田代は戦後回想している）多くの大本営発表文を起草した。彼はマレー沖海戦の発表についてこう述懐している。

「この発表文は何等の抵抗もなく、すんなりと承認され決定されたもので私の心の中にいつまでも残るものであった」

つまり、普段は揉める発表文が、このときばかりはすぐに承認されたというのだ。

前章で述べたとおり、大本営発表を行うには様々な部署の承認を得なければならなかった。ときに文章を添削されることもあったようで、この発表では海軍省の軍務局第一課長・高田利種大佐によって最後の一文「こゝに開戦第三日にして〜」が書き足されたといわれる。起案者の田代にとっては、これくらいで承認してくれるなら万々歳だった。

こうした背景を見ると、物語調の発表文が、その異例さにもかかわらず、海軍部内でしっかりと支持されていたことがわかる。海軍報道部はこのころたいへん恵まれた環境のなかで仕事をしていたといえよう。

ちなみに、マレー沖海戦は、さっそく軍歌になったことでも有名である。マレー沖海戦の大本営発表は、午後四時二十分にラジオで速報された。これを耳にした日本放送協会の丸山鉄雄（政治学者・丸山眞男の兄）は、午後八時の番組でこれをテーマにした「ニュース歌謡」を流そうと決断。さっそく作詞家の高橋掬太郎、作曲家の古関裕而、歌手の藤山一郎に連絡を入れた。時間は三時間ほどしかない。「英国東洋艦隊潰滅」と名づけられた歌は大急ぎで作られ、なんとかギリギリで放送に間に合った。

滅びたり、滅びたり、敵東洋艦隊は
マレー半島、クワンタン沖に　いまぞ沈み行きぬ
勲し赫たり、海の荒鷲よ
見よや見よや　沈むプリンスオブウェールス

このようにラジオは、「聴く大本営発表」を最大限に盛り上げたのだった。開戦三日目にしてかくのごとし。海軍報道部にとって、完璧に近い滑り出しだった。

焦る陸軍報道部は修飾語を乱用

一方、海軍の華々しい報道を傍目にして、陸軍報道部は焦った。これではまるで海軍ばかり活躍しているみたいではないか。

その影響からか、陸軍側の発表にも変化が見られるようになった。それは、修飾語の乱用である。従来の陸軍の発表は「○時○分、○○を完全に攻略せり」などと簡素なものだった。日中戦争時の大本営発表の多くはこうした形式で、官僚的とはいえ、わかりやすかった。ところが、ラジオで読み上げるとなると、これではあまりに物足りない。文章が短すぎて、聴取者に聞き逃される恐れさえあった。

大本営発表は、戦況の第一報である。いかに日本軍が苦心惨憺の末、強大な敵を破ったのか、多くの国民に印象づけなければならない。ましてラジオ時代においては、耳から入って心に残る言葉づかいが欠かせない。そこで、特に重要な大本営発表は、形容詞などで過剰に修飾されるようになったのではないかと考えられる。

その事例として、香港攻略戦をめぐる大本営陸軍部の発表を見てみよう。

香港降伏を発表する冨永亀太郎少佐。冨永と記者たちはこの後一緒に万歳を行った。

まず、十二月八日午前十時四十分、大本営陸軍部より「香港の攻撃を開始」と発表された。この時点では、まだ発表文は簡素だった。華々しく真珠湾攻撃を発表した海軍報道部に比べて地味ですらある。

ところが、次の十三日午前八時三十分の発表になると、様子が一変する。すなわち、同発表では「帝国陸軍は近代的装備をほどこせる半永久築城陣地たるその本防禦線を突破」と記されたのである。香港要塞に対する修飾語が明らかに過剰であることが見て取れる。「こんなにも頑丈な敵要塞を、帝国陸軍は早くも突破したのだぞ、どうだ！」。陸軍報道部は、こう強調したかったのであろう。

そして十九日には、陸軍部隊が香港島に上陸して英軍に対し降伏を勧告したとの発表が行われた。陸海軍の共同名義だが、主務者は陸軍報道部である。ちなみに、陸軍省と参謀本部の庁舎移転にともなって、すぐる十五日に陸軍報道部と記者クラブは三宅坂から市ヶ谷台（現在、防衛省庁舎が所在）に移った。そのため、この発表は市ヶ谷台の庁舎において行われた。

【大本営陸海軍部発表】（十二月十九日午前六時五十五分）

一、帝国陸軍部隊は海軍部隊の緊密なる協同の下に敵の頑強なる抵抗を粉砕し、昨夜半敵の猛射を冒して香港島要塞の上陸作戦に成功し、目下着々戦果拡張中なり。将兵の志気極めて旺盛、意気天を衝く

二、帝国現地陸海軍最高指揮官は肇国の武士道精神に基き香港総督に対し、曩《さき》に二回に及びてその降伏を慫慂《しょうよう》したるも頑迷之を拒絶したるを以て、已むを得ず断乎鉄槌的打撃を加ふるに決したるものなり

「一」の最後「将兵の志気極めて旺盛、意気天を衝く」は、いかにも後づけという印象を受ける。マレー沖海戦の発表のように、幹部の承認を得る過程でつけ足されたのではないだろうか。本来、作戦報道にいちいち「志気旺盛」とつけていたのではきりがない。

一方、「二」にはより不必要な言葉が使われている。「肇国《ちょうこく》の武士道精神」なるものがそれだ。

おそらく降伏勧告は「武士の情け」だといいたかったのだろう。だが、「肇国」とは「国のはじめ」を意味し、戦前の日本では、天孫降臨（天皇家の祖先が高天原から地上に降り立ったという神話）もしくは神武天皇の即位を指した。とすると、中世に由来する「武士道」とは時代が合わなくなってしまう。結果的に、過剰修飾された「肇国の武士道精神」は、何を指しているのかわからない、意味不明の言葉となってしまった。そのあとの箇所の「鉄槌的打撃」もまた、意味不明ではないものの、過剰修飾のひとつだろう。

陸軍報道部の過剰修飾はこれだけにとどまらない。香港の英軍は、日本軍の猛攻に耐え切れず二十五日降伏を申し入れたが、そのときの発表は次のように行われた。ここでもまた、「敵」や「攻撃」といった言葉に過剰な修飾が見られる。

【大本営陸海軍部発表】（十二月二十五日午後九時四十五分）
香港島の一角に余喘を保ちつゝありし敵は、わが昼夜を分たざる猛攻撃により本二十五日十七時五十分（午後五時五十分）遂に降伏を申出でたるをもつて、軍は十九時三十分（午後七時三十分）停戦を命じたり

このころ陸軍報道部員たちは、海軍の華々しい発表に対抗するため、余暇を見つけては寄席

に通って話術の勉強をし、果ては歌謡曲の歌詞の分析まで行っていた。過剰な修飾語は、陸軍報道部員たちの涙ぐましい努力の痕跡でもあったのだ。

「大本営発表」ブランドの確立

このように、陸軍報道部と海軍報道部は競うかのように大本営発表を繰り出した。海軍の富永謙吾少佐はこう回想する。「陸海両報道部はお互いに自分の方の発表や記事を効果的に扱わせるために相手の大きな発表のない日を狙つてストックを小出しにするのが恒例になつていた」。国民に速報することよりも、陸海軍のメンツが優先されていたというのだ。陸海軍の対立は、病膏肓《こうこう》に入るの感があった。

ただ、太平洋戦争の緒戦では明らかに海軍側の報道に軍配が上がった。そこで焦った陸軍は姑息な手に出た。これまで「大本営陸軍部発表」「大本営海軍部発表」と別々の名義で行ってきた発表を、「大本営発表」に一本化しようと提案したのである。

陸軍側の言い分はこうだった。大本営発表が「陸軍部」と「海軍部」に分かれていては、国民に両者が対立しているような印象を与えると。印象も何も、両者は明らかに対立していたのだから、白々しい主張ではある。

対して、海軍側は余裕綽々だった。富永少佐は「別にどちらでも大したことはないので、簡単な方に落ついたが、海軍を牽制する陸軍の苦肉の提案であつた」と記している。海軍としては別にどっちでもいいので同意してやった、というわけだ。戦後の証言ながらも、当時の海軍報道部の雰囲気が伝わってくる。

かくして開戦ちょうど一ヶ月後の一九四二年一月八日、開戦後百七回目の発表より、正式に「大本営発表」という名称が使われはじめた。「大本営発表」というブランドがここにようやく確立したのである。

もっとも、陸軍報道部と海軍報道部の組織は依然としてバラバラだったため、これは単に看板を「大本営発表」に統一したにすぎなかった。実際、これ以降の大本営発表文を読んでみても「これは陸軍だ」「あっちは海軍だ」と明らかにわかるような内容になっている。それゆえ、陸海両報道部の対抗はこのあとも絶えることがなかった。

落下傘作戦で露見した陸海軍の対抗意識

その一例が落下傘（パラシュート）部隊の先陣争いである。

島嶼《とうしょ》部を攻撃する場合、通常では、部隊を輸送船で運び、上陸させ、目的地に向かわせなければならない。ところが、これでは時間がかかりすぎて相手に迎え撃つ余裕や、飛行場や油田などの重要施設を破壊する時間を与えてしまう恐れがある。そこで、空から敵を不意打ちし、重要施設を無傷で確保できる落下傘部隊が日本でも整備された。

最初に落下傘部隊を実戦に投入したのは海軍だった。同年一月十一日、横須賀第一特別陸戦隊がセレベス島のメナドに降下。みごと飛行場の確保に成功した。海軍としてはさっそくこの戦果を発表したかったのだが、陸軍がそれに待ったをかけた。陸軍は翌月にスマトラ島のパレンバンに落下傘部隊を投入する予定になっていたからだ。

パレンバンは、オランダ領東インド（蘭印）最大の油田地帯だった。雀の涙ほどの石油資源しか持たない日本にとって、これは喉から手が出るほど欲しい戦略目標だった。円滑な戦争遂行のためにも、なんとしても無傷で手に入れなければならない。となれば落下傘部隊を投入するのが一番だ。とはいえ、「日本軍は重要施設の確保に落下傘部隊を使うらしい」という情報が伝わってしまうと、オランダによって石油施設が事前に破壊されてしまうかもしれない。そこで、海軍落下傘部隊の戦果は秘密にされ、パレンバンの確保と同時に発表されることになったのである。

果たして、二月十四日、陸軍の第一挺身団がパレンバンの飛行場と製油所に落下傘降下し、激戦の末、翌日これを無事に占領した。計画どおりに油田地帯を確保できたのだ。

こうして、陸海両報道部から十五日午後にさっそく落下傘部隊の活躍が発表された。ところが、その発表時間や内容に陸海軍の対立が露骨に表れることになってしまった。

【大本営発表】（二月十五日午後五時）
帝国海軍落下傘部隊は去る一月十一日セレベス島メナド攻略戦に参加し、赫々たる戦果を収めたり

【大本営発表】（二月十五日午後五時十分）
強力なる帝国陸軍落下傘部隊は、二月十四日午前十一時二十六分蘭印最大の油田地たるスマトラ島パレンバンに対する奇襲降下に成功し、敵を撃破して飛行場その他の要地を占領確保するとともに更に戦果を拡張中なり（以下略）

前者が海軍、後者が陸軍である。さきに戦果をあげた海軍に配慮して、陸軍は公式の発表時間を十分遅らせている。しかし、陸軍は実際にはこれより早めに発表して、海軍側を憤激させた。もっとも、陸軍にも言い分があった。それ以前、海軍が陸軍に相談せず、フィリピン方面の飛行機撃墜の戦果を自分たちに都合よく解釈して発表してしまったことがあった。陸軍は戦果を横取りされたと恨みに思い、落下傘作戦の報道で海軍に一矢報いたらしい。以上は海軍側の証言だが、いかにもありそうな話ではある。

また、発表内容の面でも、陸海軍の対抗意識がかいま見える。海軍側の発表は「赫々たる戦果を収めた」と簡潔で抽象的である。これに対し、陸軍側の発表では、わざわざ落下傘部隊に「強力なる」という形容詞がつき、戦果の内容も具体的に説明されている。こうしたこともあって、落下傘部隊の活躍は陸軍のほうが有名になった。

それにしても、そもそも同じ落下傘部隊の活躍であるならば、陸海軍合同で発表してもよかったはずだ。それをわざわざ陸海軍両報道部でバラバラに発表したわけで、これでは発表の名義を「大本営発表」に一本化した意味がまったくなかった。こうした無意味な張り合いが、このあとも延々と続くことになる。

シンガポール攻略と相変わらず冴えない陸軍報道部

もっとも、落下傘部隊の活躍が発表された二月十五日は、「陸軍の日」だった。というのも、この日、陸軍最大の目標のひとつであるシンガポールの英軍が無条件降伏したからだ。

【大本営発表】（二月十五日午後十時十分）

馬来《マレー》方面帝国陸軍部隊は、本十五日午後七時五十分、シンガポール島要塞の敵軍をして無条件降伏せしめたり難攻不落を誇る英国の牙城シンガポールは、全国民が注視する敵根拠地だった。そのため、マレー半島を南下する陸軍部隊の戦況は逐一発表された。あたかも南京攻略や武漢攻略のときのように、国民はいまかいまかとその陥落を待ち望んだ。利益に敏《さと》い民間企業など、事前に陥落記念の便乗商品を大量に用意していたほどだった。

二月以降のシンガポールに関係する大本営発表を列記してみよう（日付は発表日）。

一日　陸軍部隊、シンガポール対岸に進出
二日　陸軍航空部隊、シンガポール空爆
五日　陸軍航空部隊、シンガポール空爆
九日　陸軍部隊、ジョホール水道を渡過し、シンガポール島要塞に対し攻撃開始
十日　陸軍部隊、テンガー飛行場占領
十一日　陸軍部隊、ブキ・テマを奪取
　　　陸軍部隊、シンガポール市街に突入
十二日　陸軍部隊、敵軍主力に対し大殲滅戦を展開
十三日　陸軍航空部隊、シンガポール空爆

十五日　海軍部隊、セレター軍港占領
　帝国艦隊、シンガポール脱出を企図する敵艦船を撃沈破
　　シンガポール島要塞の敵軍、無条件降伏

シンガポール島に上陸（九日）後も、飛行場や丘陵の確保までいちいち報道された（十、十一日）。ここまで詳細に市街戦が大本営から発表されたことはほかにほとんど例がない。このように、シンガポール攻略戦は一大ニュースだった。それゆえ、敵軍が無条件降伏したという記念すべき発表は、陸軍報道部長の大平秀雄大佐によって直々に行われた。栄光に輝く、陸軍随一の晴れ舞台である。

ところが、ここでも大平の口下手ぶりは酷かった。大平は異様に間を取りながら発表文を読み上げげた。「日本ニュース」八十九号にその様子が映し出されている。「シンガポール島要塞の（五秒の沈黙）敵軍をして（四秒の沈黙）無条件（四秒の沈黙）降伏せしめたり」という具合だ。聴き取りやすいようにとの、大平なりの工夫だったのかもしれない。だが、これではまるで壊れかけの機械である。視線は手元の紙からまったく動かず、緊張の様子がありありと見て取れる。

ニュース映像には、あまりにノロノロと大平が発表文を読み上げるので、後ろから大平の手

雑誌の取材に応じる谷萩那華雄大佐。能弁な彼のもとで陸軍報道部は息を吹き返した。

元の紙を覗き込み、発表文を素早く書き取る記者の様子まで映っている。なんとも間の抜けた光景だ。大平のすぐ後ろにいる堀田吉明中佐と冨永亀太郎少佐もいかにも心配顔。せっかくの陸軍きっての晴れ舞台なのに、これではまったく台無しだった。陸軍報道部の面々が「海軍にかなわない」と頭を抱えるのもこれでは無理もなかった。

谷萩那華雄の着任と陸軍報道部の盛り返し

このように、太平洋戦争の開戦以来、陸軍報道部はその努力にもかかわらず、海軍報道部に押されっぱなしだった。ところが三月十一日、陸軍報道部長に谷萩那華雄大佐が補職された。大平は、半年もたたないでお役御免となったのである。人事当局にも不適任と判断されたのだろう。その後、大平は連隊長や参謀職を務め、二度と宣伝報道に関わることはなかった。

これに対し、新任の谷萩は、報道部長にふさわしい人柄だった。一九三一年八月から一年九ヶ月ほど陸軍省新聞班に在籍したこともあった。ちょうど満洲事変や第一次上海事変が勃発した時期にあたる。そのため、谷萩は報道部の仕事をよく弁えていた。平櫛少佐の谷萩評を見てみよう。「谷萩は前任の大平にくらべて、開放的で明るい性格だった。新聞、雑誌社の記者との会談にも積極的で、その評判もよく、体格は堂々としていて、話術も心得ていた」

また平櫛はこんなエピソードも紹介している。ある日の部局長会議でのこと。幹部たちは緊張の面持ちで、東条英機首相と杉山元参謀総長の入室をいまかいまかと待ち構えていた。誰ひとり口を開かず、ただ書類をめくる音だけが聞こえた。末席にいた谷萩は場の空気を変えようとしたのか、突然、誰に話すでもなくお得意の「フランス小咄風の猥談」を語り出した。緊張していた幹部たちは谷萩の話術に引き込まれ、次第に頬を緩ませた。含み笑いは徐々に開放的になり、ついには爆笑へと変わった。とその瞬間、東条と杉山がドアを押して入ってきた。そのため、まるでふたりの入室を笑ったかのような形になってしまった。東条は苦々しい顔をし、杉山はキッと谷萩を睨みつけたという。

もっとも当の谷萩はどこ吹く風で、「いくら年をとっても、猥談の嫌いな奴はいないからな」と飄々としていたらしい。話し上手で、陽気な谷萩の人柄が伝わってくる逸話である。

本来であれば、馬淵逸雄のあとにこの谷萩のような人物が報道部長に補職されるはずだったのだろう。陸軍にとって、緒戦の重要な時期に適切な人材を欠いたのは遺憾だった。ただ、ここで谷萩が報道部長に就任したことで、風向きが変わった。「これでやっと海軍の平出に太刀打ちできる」との評判もあがった。報道部の関係者のなかには、「谷萩漫談、平出講談」と称してふたりのスポークスマンを対比させた者もいたという。いずれにせよ、陸軍報道部はようやく息を吹き返した。

特殊潜航艇の戦果をめぐる駆け引き

陸軍報道部がゴタゴタしている一方で、海軍報道部は相変わらず絶好調だった。その象徴こそ三月六日に行われた「特別攻撃隊」に関する大本営発表である。

この説明には少し時代をさかのぼる必要がある。一九四一年十二月十八日の大本営海軍部発表で、真珠湾攻撃の総合戦果が発表されたことはすでに述べた。そしてその発表のなかに、確信犯的な虚偽が含まれていたことも指摘した。それがこの「特別攻撃隊」に関わる部分だった。

まず、十二月十八日の発表の該当箇所を見てみよう。

二、同海戦において特殊潜航艇をもって編成せる我が特別攻撃隊は警戒厳重を極むる真珠湾内に決死突入し、味方航空部隊の猛攻と同時に敵主力を強襲或は単独夜襲を決行し、少くとも前記戦艦アリゾナ型一隻を轟沈したる外大なる戦果を挙げ敵艦隊を震駭せり

ここでいう特殊潜航艇とは、ふたり乗りの小型潜水艇「甲標的」のことである。合計十名を乗せた五隻の特殊潜航艇は、真珠湾近くで母艦より発進し、ひそかに警戒厳重な真珠湾内に潜入、航空部隊の攻撃に呼応して米艦隊を魚雷で攻撃することになっていた。生還を期せぬ決死の作戦であり、実際に五隻の特殊潜航艇はいずれも帰還しなかった。

十八日の大本営発表は、この特殊潜航艇が戦艦「アリゾナ」型をみごと轟沈したというものであった。つまり、戦艦の撃沈戦果五隻（実際は二隻）のうち一隻は、航空部隊ではなく特殊潜航艇の戦果だったというわけだ。

実際のところ、この発表は間違いだった。特殊潜航艇は戦艦を撃沈していなかった。そして大本営の潜水艦主務参謀もそのことを十分に把握していた。ところが、大本営は敢えて虚言を弄したのである。日本軍の情報不足では説明がつかない、まさに確信犯的な欺瞞であった。

あるいは、十二月十八日の時点ではまだ真相が明らかでなかったのかもしれない。だが、その後それを修正するようなことはついぞなかった。それどころか、嘘を上塗りする暴挙に出た。それが翌年三月六日の「特別攻撃隊」の発表だった。

「特別攻撃隊」は虚偽と隠蔽により生み出された

前置きが長くなったが、三月六日に行われた「特別攻撃隊」の発表の中身を見てみよう。この日の大本営発表は空前絶後だった。千三百字を超える異例の長文で、特殊潜航艇の作戦行動がこと細かに述べられたのである。それはもはや事務的な発表というよりも、民間の読み物のようであった。これに比べれば、マレー沖海戦の発表など論ずるに足りなかった。

発表文はいう。特殊潜航艇による真珠湾攻撃は、参加した海軍将校らによって自ら計画された。この計画は連合艦隊司令長官によって認められ、五隻の特殊潜航艇からなる「特別攻撃隊」が編成された。参加した者たちははじめから生還することなど念頭になく、決死の覚悟で出撃し、みごと戦艦「アリゾナ」型を轟沈。その後、特殊潜航艇と運命をともにした。これこそ帝国海軍の伝統を発揮したものである。

あまりにも長いので、すべて引用することは控えるが、その一部を見るだけでもこの大本営発表の異様さが伝わってくる。黒潮会で発表文を読み上げたのは、もちろん海軍きっての雄弁家・平出英夫課長だった。彼でなければ、このような長文を効果的に発表することはできなかっただろう。

【大本営発表】（三月六日午後三時）

特別攻撃隊の壮烈無比なる真珠湾強襲に関しては既に公表せられたるところ、この世界の心胆を寒からしめたる攻撃の企図は、攻撃を実行せる岩佐大尉以下数名の将校の着想に基くものにして、数箇月前、一旦緩急あらばこれを以って尽忠報国の本分を尽し度と案を具し秘かに各上官を経て連合艦隊司令長官に出願せるものなり（中略）かくて御稜威の下、天佑神助を確信せる特別攻撃隊は某月某日枚《ばい》を銜《ふく》んで壮途につき、真珠湾目指して突進（中略）或ひは白昼強襲、或ひは夜襲を決行、史上空前の壮挙を敢行、任務を完遂せるのち艇と運命をともにせり。なかんづく夜襲による「アリゾナ」型戦艦の轟沈は遠く港外にありし友軍部隊よりも明瞭に認められ、十二月八日午後四時三十一分（中略）、真珠湾内に大爆発起り、火焰天に冲し灼熱せる鉄片は空中高く飛散、須臾《しゆゆ》にして火焰消滅、これと同時に敵は航空部隊の攻撃と誤認せるものか、熾烈なる対空射撃を開始せるを確認せり（中略）

全員生死を超越して攻撃効果に専念し、帰還の如きは敢てその念頭に無かりしによるものと断ずるの外なし。かくの如く古今に絶する殉忠無比の攻撃精神は、実に帝国海軍の伝統を遺憾なく発揮せるものにして、今次大戦史劈頭の一大偉勲といふべしラジオでは、このときばかりはいつもの「軍艦行進曲」ではなく、「海ゆかば」が使用された。日中戦争初期の一九三七年十月に発表された比較的新しい軍歌である。荘重なメロディを持つ「海ゆかば」は、この発表を境に、戦死を告げる曲として使われるようになった。

平出はまた同日午後八時にラジオに出演し、戦死した海軍軍人の人柄などについて演説を行った。彼らはみな二十代の若者だったので、その健気さが強調された。ある士官は「お弁当を持つたり、サイダーを持つたりチヨコレートまで貰つて、まるでハイキングに行く様な気がする」といって勇んで特殊潜航艇に乗り込み、ある下士官は「明くる日のルーズヴエルトの泣き事を、俺も聞いたぞ閻魔の前で」と即興の一句を戦友たちの前で詠んだという。平出の名演説は、聴取者たちの涙を誘った。まさに名演説家の面目躍如たるものがあった。

さらにこの大本営発表にあわせて、岩佐直治大尉以下戦死者九名の名前も海軍省から公表された。彼らは二階級特進となり、連合艦隊司令長官より感状を授与された（従来、感状の授与は大本営より発表されていたが、一九四二年二月五日を最後に、陸海軍省の発表に移された。そのため、作戦報道は「大本営発表」、感状の授与は「陸軍省発表」もしくは「海軍省公表」という形で使い分けられた）。

ところで、なぜ戦死者は九名なのだろうか。特殊潜航艇には各二名合計十名が搭乗していたはずだ。実は、参加した海軍将校のひとりがオアフ島の海岸に流れ着き、米軍の捕虜となって

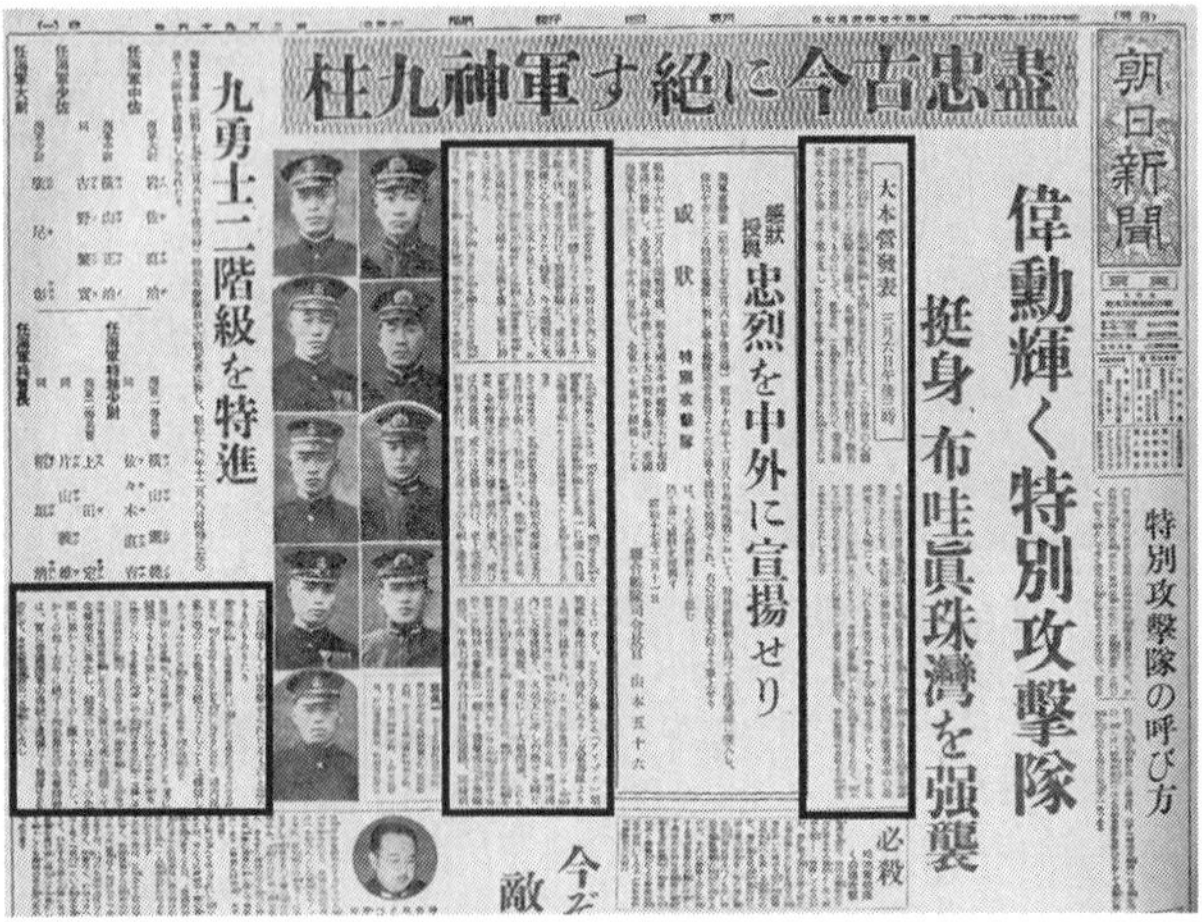
朝日新聞
偉勲輝く特別攻撃隊
挺身、布哇眞珠灣を強襲
特別攻撃隊の呼び方
盡忠古今に絶す軍神九柱
大本營發表
感状 忠烈を中外に宣揚せり
九勇士二階級を特進

大本営発表と海軍省公表で埋め尽くされた新聞紙面（「朝日新聞」1942年3月7日付朝刊1面）。黒枠内すべてがひとつの大本営発表である。

いたのである。この事実は、米国よりラジオで報道された。

日本軍では、捕虜になることはたいへんな不名誉とされていた。そのため、海軍は対応に苦慮した。すでに特殊潜航艇は五隻だと発表していた。いまさら数合わせはできない。とはいえ、「英霊」である戦死者の数を調整するのもはばかられる。かといって、発表それ自体をやめるわけにもいかない。結果的に、五隻で九名戦死という不自然な形での発表となってしまった。

海軍担当の記者のなかに、これに疑問を持つ者がいた。毎日新聞の後藤基治が質問すると、富永謙吾少佐は「一人乗りが一隻だけあった……のかな。詳しいことはまだ聞いてない」などと苦しそうに誤魔化したという。

そんな疑惑をはねのけるように、海軍報道部は「特別攻撃隊」を讃える一大キャンペーンを繰り出した。その結果、九名の戦死者は「九軍神」と呼ばれるようになった。彼らは、レコードや、映画や、紙芝居などで盛んにもてはやされた。かくて「九軍神」は、太平洋戦争の緒戦を飾る代表的な軍神となったのだった。

しかし「九軍神」は、虚偽の戦果と、捕虜隠蔽の産物にほかならなかった。大本営発表が、「生命を投げ出して敵艦を沈めた特別攻撃隊」という虚像を作り出したのだ。このことはのちに「神風特別攻撃隊」という大きな悲劇を生む一因になる。

本土空襲の衝撃と架空の撃墜

そのあとも、日本軍は快進撃を続けた。三月中に、オランダ領東インドの主都バタビア（現ジャカルタ）、英領ビルマの主都ラングーン（現ヤンゴン）を相次いで占領。さらにニューギニア島のサラモアとラエに上陸し、同島の要衝ポートモレスビーを空爆した。

四月に入ると、真珠湾を攻撃した海軍の機動部隊がインド洋に出動し、セイロン島沖で英空母「ハーミーズ」を撃沈。フィリピンでは、陸軍部隊がコレヒドール要塞に立てこもる米軍を撃滅して、バターン半島を制圧した。こうして開戦半年足らずで、日本軍は、香港、グァム、マレー、ビルマ、フィリピン、オランダ領東インド諸島、ニューギニアの一部などを支配下に収めた。まさに向かうところ敵なしの勢いであった。

ところが、四月十八日に戦勝ムードに水を差す事件が起こった。米空母「ホーネット」から発進した十六機の陸軍爆撃機（ドゥーリトル陸軍中佐指揮）が白昼堂々、東京、名古屋、神戸などを空爆したのである。米軍による史上初の本土空襲であった。日本軍はこの不意打ちに対応できず、一機の撃墜もできなかったばかりか、五百名以上の死傷者を出してしまった。米軍機はそのまま中国やソ連に飛び去った。

この本土初空襲は、はじめ大本営からではなく、東部軍、中部軍、西部軍（日本本土各地を管轄する陸軍部隊）よりそれぞれ発表された。こうした部隊からの発表は通常扱いが小さかった。だが、このときばかりは新聞の一面トップに掲げられた。いかに衝撃が大きかったのかがわかる。東部軍のものを次に引く。

【東部軍司令部発表】（四月十八日午後二時）

一、午後零時三十分ごろ敵機数方向より京浜地方に来襲せるも、我が空地両航空部隊の反撃を受け、逐次退却中なり。現在までに判明せる敵機撃墜数は九機にして我が方の損害軽微なる模様。皇室は安泰に亙《わた》らせらるこの「九機撃墜」は明らかな虚偽だった。本土上空の空戦なのに、誰も敵機撃墜の場面を目撃しなかったため「九機」ではなく「空気」を撃墜したのではないか、などという陰口まで叩かれた。

その後、二十日に改めて大本営より本土空襲について発表がなされた。

【大本営発表】（四月二十日午後五時五十分）

一、四月十八日未明航空母艦三隻を基幹とする敵部隊本州東方洋上遠距離に出現せるも、我が反撃を恐れ敢て帝国本土に近接することなく退却せり

二、同日帝都その他に来襲せるは米国「ノース・アメリカン」B二五型爆撃機十機内外にして、各地に一乃至三機宛分散飛来し、その残存機は支那大陸方面に遁走せるものあるが如し

三、各地の損害はいづれも極めて軽微なり

たしかに各地で少なからぬ被害は発生した。ただ、戦争遂行に影響するほどのことはなかった。その点、損害は「極めて軽微」といえなくもない。陸軍報道部の谷萩那華雄部長は一年後の談話で、ドゥーリトル（Doolittle）を「ディド・リトル」（Did Little＝ほとんど何もしな

かった）と呼び、今後の指揮官は「ドゥ・ナッシング」（Do Nothing＝何もできない）になるだろうと嘲笑した。

しかし、東京を空襲された日本軍首脳の衝撃は大きかった。米空母が接近してくるのならば、その中継になる島を占領して警戒しなければならない。ハワイと日本本土の間に、ちょうどそんな島があった。その名はミッドウェー。日本海軍はこの島を占領するために一大作戦を敢行することになった。その顚末は次章で確認することにしたい。

「信頼性の高い大本営発表」と「信頼性のない敵国の発表」

以上、一九四一年十二月から一九四二年四月までの大本営発表を見てきた。この間の大本営報道部は史上もっとも雄弁で、二百八十回もの大本営発表を繰り出した。月平均で五十六回である。

多少の間違いはあったものの、その内容はおおむね正確だった。それは連戦連勝により、敢えて虚偽を発表する必要がなかったからである。間違った発表も、悪意のない判断ミスによるところが大きかった。

一方、大本営報道部は、単に発表文を読み上げるだけではなく、連合軍側の誤った報道も徹底的に批判した。たとえば、十二月十四日付の新聞には次のような談話が発表された。

【大本営海軍報道部員談】

（前略）ハート米アジア艦隊司令長官は十二日朝米国空軍が日本軍艦金剛に命中弾三発を加へ大損傷を与へた旨十二日発表し、英国BBC放送局も十二日米軍が日本軍艦霧島、比叡、あるひは榛名、平沼を撃沈した旨放送した模様であるが、右は比島作戦において我が方の軽巡洋艦一隻軽傷、掃海艇一隻沈没、一隻大破したる事実（十二日発表の通り）を奇貨として米英側が逆宣伝の具に供したるものと思惟され、僅か四百トンの掃海艇を二万九千トンの戦艦と改竄、「猫を虎に見せかけん」とする彼らの心理状態は笑止千万といわねばならない（以下略）

海軍報道部員が指摘するとおり、この時点で戦艦「金剛」「霧島」「比叡」「榛名」はいずれも健在だった。戦艦「平沼」に至っては、このような名称の軍艦自体が存在せず、完全なる間違いだった。これでは「笑止千万」といわれても仕方ない。連合軍の発表も、案外いい加減だったのである。

こうした報道部の活動により、「信頼性の高い大本営発表」と「信頼性のない敵国の発表」という対照的なイメージが形作られた。新聞も、大本営発表を裏づける外国からの公電を積極的に紙面に掲載して、報道部を側面支援した。

だがこの結果、大本営はこれまでになく虚言を弄しやすくなった。たとえどんな情報を流しても、国民は「大本営がいうのだから間違いない」「敵国の報道はどうせデマだ」「それ見ろ、外国の公電も大本営発表を裏づけているではないか」と考えてくれるからである。

そして戦局の悪化とともに、「信頼性の高い大本営発表」というイメージは、報道部のデタラメな発表を後押しすることになる。

第三章　「でたらめ」「ねつぞう」への転落

（一九四二年五月〜一九四三年一月）

高松宮の大本営発表批判

昭和天皇の弟である高松宮宣仁親王（当時海軍中佐）は、一九四二年八月九日付の日記に次のように記している。

「『ソロモン』海戦の発表は大本営発表の説明は実に『でたらめ』で、報道部は大本営発表の外は無責任な記事指導をする癖あり、けしからぬ話なり。今度の様なのは実に甚だしく内外ともに日本の発表の信じられぬことを裏書することになる。敵の攻略企図も上陸も云はずに、まるで『ねつぞう』記事なり、あとの報導［ママ］にも差支へる」

昭和天皇の弟、高松宮宣仁親王。厖大な量の日記を残した。

大本営発表（正確にはその説明だが）が、この時点で早くも、身内から「でたらめ」「ねつぞう」と痛烈に批判されていることがわかる。数カ月前には正確無比を自負していたはずの大本営発表が、短期間でどうしてこんなにもイメージを損ねてしまったのだろうか。

この謎を解くため、本章では、日本軍の作戦が挫折する一九四二年五月から一九四三年一月までの大本営発表を取り上げる。特に、珊瑚海海戦、ミッドウェー海戦、そしてガダルカナル島周辺の制海権をめぐる諸海戦の三点を中心に言及し、大本営発表が「でたらめ」「ねつぞう」に転落していった過程を探っていくことにしたい。

水増しされた珊瑚海海戦の戦果

まず、一九四二年五月七日から八日にかけて行われた珊瑚海海戦から見てみよう。

東南アジアを制圧した日本軍は、次なる戦略目標を米豪間の交通路の遮断に定めた。米軍反攻の拠点となりうるオーストラリアを孤立させようという目論見である。そこで、手始めにニューギニア南東の要衝ポートモレスビーを攻略する作戦が立てられた。すでに日本軍はニューギニア島の一部を占領していたが、同島には東西に険しいオーエン・スタンレー山脈がそびえていたため、海上から陸軍部隊を上陸させることになった。

四月三十日、陸軍部隊を乗せた輸送船団と、空母「祥鳳」を含む護衛部隊がラバウルより出動。ニューギニア島を時計回りに、珊瑚海を経て、ポートモレスビーをめざした。翌五月一日、トラック島から空母「翔鶴」「瑞鶴」を中心とする機動部隊も出動した。これに対し、日本軍の動きを察知した米海軍は、空母「レキシントン」「ヨークタウン」を中心とする米豪連合の部隊を同海域に出動させた。

最初に攻撃をしかけたのは、米海軍側だった。七日、米海軍は艦載機の攻撃により、空母「祥鳳」を撃沈。日本海軍はこのときはじめて空母を喪失した。ここから空母同士の激しい航空戦となり、八日、日本軍は仇討ちとばかりに空母「レキシントン」を沈没に追いやった。また、米軍は空母「翔鶴」に、日本軍は空母「ヨークタウン」に、それぞれ損害を与えた。その後、両軍とも部隊を引き上げたため、戦闘はその日のうちに終息に向かった。以上が珊瑚海海戦の概要である。

日米両軍とも空母を一隻ずつ失ったわけだが、日本の「祥鳳」は潜水母艦を改造した小型空母だった。これに対し、米国の「レキシントン」は正規の空母だった。そのため、これだけ見ると日本海軍の辛勝といえる。ただ、少なからぬ損害を被った日本海軍も、ポートモレスビーの攻略を諦めたため、戦略的には米国の守り勝ちともいえる。その意味で、どちらの勝ちともいえない、互角の戦いだった。

にもかかわらず、同日午後五時二十分に行われた大本営発表では、あたかも日本側の勝利であるかのように戦果が積み上げられた。なんと、米海軍は、戦艦一隻と空母二隻を失ったというのである。

【大本営発表】（五月八日午後五時二十分）

ニューギニア島方面に作戦中の帝国海軍部隊は、五月六日同島南東方珊瑚海に米英連合の敵有力部隊を発見捕捉し、同七日これに攻撃を加へ米戦艦カリフオルニヤ型一隻を轟沈、英甲巡キヤンベラ型一隻を大破し、英戦艦ウオスパイト型一隻に大損害を与へ、更に本八日米空母サラトガ型一隻およびヨークタウン型一隻を撃沈し目下尚攻撃続行中なり

（註）本海戦を珊瑚海海戦と呼称す

太平洋上乙旗高し
海軍記念日を前に
必滅の精神、敵を飜弄
米英海軍は既に三流
珊瑚海に 兵術の幼稚を暴露
寡勢 敵空母を屠る
先棒をかついだ米艦哀れ

5月21日に行われた平出英夫のラジオ演説「興廃を決するもの」の様子。「朝日新聞」1942年5月22日付朝刊1面より。報道部員のラジオ演説は定期的に掲載された。

なお、翌九日には追加戦果と、空母「祥鳳」の沈没が発表された。

それにしてもこれでは、まるで日本海軍が圧勝したかのようだ。平出英夫報道課長は、同月二十一日にラジオでこうまくし立てた。米英の海軍指揮官は凡庸かつ固陋《ころう》であり、米英が三流海軍国に下落する日も近いと。新聞もこれに呼応して、珊瑚海

海戦を真珠湾攻撃以来の戦果と書き立て、国民は久しぶりの海戦の勝利に酔いしれた。

ところが、その肝心の戦果が水増しだったのだからたまらない。日本海軍の戦果は、主力艦に限っていえば、空母「レキシントン」一隻の撃沈にすぎなかった。しかも、その空母の名前も「サラトガ」や「ヨークタウン」に取り違えている（厳密には「サラトガ型」「ヨークタウン型」だが、煩雑になるため以下では区別しない）。

どうしてこんな滅茶苦茶な発表が生まれてしまったのだろうか。

戦果誇張の原因は情報の軽視

海軍報道部の富永謙吾少佐は、戦後こう回想している。

珊瑚海海戦のおり、現地部隊から「戦艦撃沈」との報告があがってきた。海軍内では、これを疑問視する声もあった。同海域に戦艦が派遣されているという情報はない。戦艦によく似た重巡洋艦を見間違えたのではないか。しかし、最終的に「戦艦撃沈」と発表することに決した。というのも、「善意に解釈するのが、日本の軍令部や報道部の寛大なる方針であったし、現地からの報告を無視するわけにも行かない」からである。

ここに、大本営発表の問題点のひとつが浮かび上がっている。それは、日本軍における情報の軽視である。

飛行機のパイロットは、高速で戦闘を行いつつ、上空から見れば豆粒のような敵艦を肉眼で識別しなければならない。そのため、どんなに熟練のパイロットでも、艦種を誤認したり、希望的な観測で戦果を判断してしまう傾向があった。

上級の司令部や大本営で、その情報を厳しく精査し修正できれば、それでも問題は少なかったかもしれない。ところが、富永がいうように、大本営（特に作戦部）には現地部隊の報告を鵜呑みにする悪癖があった。また、報告を精査しようにも、大本営はそれを行うだけの十全な情報を持っていなかった。こんな状態で戦果を下方修正すれば、現地部隊から「われわれの苦労を無駄にするのか」と抗議を受ける恐れがあった。

同じことは陸軍にも当てはまった。一九四一年十一月より一九四五年六月まで、陸軍報道部に長らく在籍した恒石重嗣中佐はこう回想する。

「戦況とくに戦果は第一線部隊の報告に基づき一応上級司令部において審査の上大本営に報告されてくるのであって、これを大本営報道部においてさらに査定して発表するようなことは許されない」

そんな恒石も、一度戦果を下方修正したことがあった。しかし、のちにそれが誤りだったことがわかり、「作戦部隊から厳重なる抗議を受けた」「生命をかけて戦っている戦闘部隊将兵に対し誠に申し訳ないことをしたわけで深く反省し、ただちに訂正の処置を講じた」という。

もちろん、大本営発表が間違いであれば修正すればよい。ただ、当時の大本営には、多少疑問に思っても、現地部隊の報告を鵜呑みにせざるをえない状況があったのである。

こうした大本営発表の問題点が、珊瑚海海戦の発表にはからずも露呈している。

また少しさかのぼるが、大本営は一九四二年一月十四日に、潜水艦によって空母「レキシントン」を撃沈したと発表していた。ところが、これは実際のところ、空母「サラトガ」に魚雷一本を命中させただけだった。すでに日本海軍は、一月の時点で空母の艦名や戦果を間違っていたのだ。

その結果、珊瑚海海戦において、「レキシントン」ではなく「サラトガ」を撃沈したと発表せざるをえなくなった。「レキシントン」はもうこの世に存在しないはずだからである。米海軍は、日本海軍のちぐはぐな発表を見て、失笑したことであろう。いわんや、「ヨークタウン」の撃沈に至っては、またもや戦果の誤認にほかならなかった。

たしかに、珊瑚海海戦の戦果は、悪意ある戦果の誇張ではなかった。ただ、それは問題が軽いことを意味しない。戦意高揚のため、大本営が敢えて虚偽を発表したのならば、それはそれでひとつの判断だったかもしれない。どこの国も、戦時下にはある程度情報を都合よく操作していたからである。

しかし、意図的な情報操作ではなかったがゆえに、大本営は誇張された戦果を「真実」として受け入れざるをえなくなった。「真実」である以上、以後の作戦は（多少割り引いていたとはいえ）基本的にこの戦果にもとづいて立てなければならない。すなわち大本営は、誇張された戦果に自ら騙され、縛られてしまったのだ。「もう米海軍に空母はほとんど残っていないはずだ。したがって、この方面にはこれくらいの部隊を送れば十分だろう」。こうして、必要以上の損害を被ったことも一度や二度ではなかった。

それゆえ、情報の軽視は、日本軍の行動を歪めるきわめて致命的な欠陥だった。これにもとづいて作成された大本営発表は、国民だけではなく、日本軍の指揮官たちをも誤謬の霧のなかに閉じ込めたのである。

ミッドウェー海戦でまさかの敗北

続いて、有名なミッドウェー海戦を見てみたい。六月五日から七日にかけて行われた同海戦は、太平洋戦争の分かれ目のひとつといわれる。海戦の結果、日本海軍は主力の空母四隻と多数の熟練パイロットを一気に喪失し、開戦以来の主導権を米国側に譲り渡してしまった。

連合艦隊司令長官の山本五十六大将は日米開戦前の一九四〇年九月に、ときの首相近衛文麿に対して「初めの半年や一年はずいぶん暴れてご覧に入れます」と請け合ったというが、その言葉のとおり、およそ六ヶ月で日本海軍の快進撃は止まった。以後、日本海軍は圧倒的な米海軍を相手に、苦しい戦いを強いられることになる。

ただ、ミッドウェー海戦の前には誰もこれほどの大敗を予期していなかった。なぜなら、このときまで日本海軍は連戦連勝であり、兵力、装備、練度などの面で米太平洋艦隊を凌駕していたからだ。そのうえ、この海戦には、真珠湾攻撃でも活躍した主力の空母四隻が投入された。この無敵を誇る機動部隊が負けるわけがない。そんな驕りに近い自信が海軍内に充満していた。ミッドウェー島なんて単なる中継基地だ、秋にはこれを足がかりにハワイに攻め込み日章旗を立てるぞ。ミッドウェー攻略部隊は、祝杯用の日本酒やウィスキーを大量に積み込んで、意気揚々と内地より出撃した。ときあたかも、五月二十七日の海軍記念日であった。

一方、米海軍は暗号を解読し、日本海軍の行動を事前に把握。空母「エンタープライズ」「ホーネット」「ヨークタウン」を中心とする機動部隊をミッドウェー沖に派遣して、日本海軍の襲来を待ち受けた。「ホーネット」は日本本土空襲に利用された空母であり、「ヨークタウン」は珊瑚海海戦で被害を受けた空母である。戦力で劣る米海軍は、突貫工事で「ヨークタウン」を修理して戦線に復帰させたのだ。米海軍にとって、ミッドウェー海戦は絶対に負けられない戦いだった。

米海軍の必死の作戦は功を奏した。六月五日、米海軍は日本の機動部隊を発見し、これに奇襲をかけた。このとき、日本の空母では攻撃機の兵装を爆弾から魚雷に転換している最中だった。そこに米海軍の攻撃隊が殺到した。数個の命中弾に、艦上の魚雷や爆弾が次々に誘爆、あっという間に「赤城」「加賀」「蒼竜」の空母三隻は炎上、戦闘不能に陥ってしまった。まさに一瞬のできごとだった。

唯一被害を免れた空母「飛竜」は反撃に転じ、空母「ヨークタウン」を大破させた（七日、潜水艦により撃沈）。ただ、衆寡敵せず、やがて「飛竜」も米海軍の攻撃により沈没に追い込まれた。開戦以来の殊勲空母四隻の喪失。紛う方なき、日本海軍の惨敗だった。

「自然の成り行き」で損害隠蔽に

一方、霞が関の海軍省・軍令部庁舎では、気の早い副官が祝杯の用意を行い、いまかいまかと戦勝の報告を待ちわびていた。誰ひとりとして、機動部隊の敗北を予期していなかった。

ところが、五日の朝早く、空母三隻炎上との報告が飛び込んできた。軍令部の作戦参謀たちは絶句した。まさかあの機動部隊がやられるとは。作戦室の空気はたちまち一変した。

午前九時ごろ、そこに報道部の発表主務部員（田代格中佐と思われる）が入室してきた。発表主務部員は、こうして常日頃から作戦室に出入りして、作戦参謀たちから戦況などを教えてもらっていた。

だが、この日は何か様子がおかしかった。いつもの面々がなぜか黙りこくっているのだ。ど

戦況説明を行う田代格中佐。1943年1月のレンネル島沖海戦時のもの。

うしたことかと思い、電報を繰ってみると、なんと空母三隻炎上との報告があるではないか。この報道部員は目を疑った。しばらくすると「飛竜」喪失の報告もあがってきた。この日、関係者は誰ひとり昼食がろくに喉を通らなかったという。

そして二日後の七日、ミッドウェー攻略作戦は中止された。これで日本海軍の惨敗は確定した。すると、今度は報道部の出番である。この惨敗をどのように国民に知らせるのか。ここから三日三晩にわたる報道部員の「戦い」がはじまった。

報道部は、原案として「空母二隻沈没、一隻大破、一隻小破」を提示した。四隻沈没の真相に比べれば誤魔化しではあったものの、ある程度の敗北は敢えて知らせ、国民の奮起を促したいとの考えだった。しかし、これに作戦部が猛烈に反対した。海軍省軍務局の同意も取れなかった。こんな敗北を発表すれば、国民の士気が衰えるというのだ。

平出英夫課長と田代中佐は、発表文の同意を取り付けるために、不眠不休で関係各所を説得して回らなければならなかった。田代は戦後、ミッドウェー海戦の発表を「大本営発表文中最大に苦しかった発表であった。幾度か原案を書き直しても通過しなかった」といい、次のように述懐している。

「軍令部と軍務局の意見が真向から衝突して容易に纏まらず、私は両方を走り廻るのみであった。（中略）真相発表とか損害秘匿とか其んなものを飛び越へ［ママ］た自然の成り行きであった、理屈も何もない」

「自然の成り行き」という言葉は重い。現在の官公庁や企業でも、なかなか事案がまとまらないときがある。会議は延々と何時間も続き、参加者たちは疲弊してくる。そんな場合、部署間のバランスに配慮した、最大公約数的で、もっともらしい決定が下されがちだ。独裁者のような人物が独断で「真相発表」か「損害秘匿」かを決定するのではなく、阿吽の呼吸でなんとなく程よい結論にたどりつく。「自然の成り行き」とは、こういった経緯を表した言葉ではないだろうか。なんの権限も持たなかった報道部員による責任回避の弁と捉えるべきではあるまい。

　こうして海戦終了三日後の十日にようやく大本営発表が行われた。その内容たるやまるで架空の戦記小説だった。戦果は、空母「エンタープライズ」「ホーネット」の撃沈。その一方で、損害は空母一隻喪失、空母一隻大破。戦果は恒例の誤認であり、損害は意図的な隠蔽である。

まるで二重苦のような大本営発表だった。とはいえ、ラジオは「軍艦行進曲」の響きとともにこの戦果を伝えた。数字上は日本海軍の勝利だったからだ。

ただ、大本営報道部も多少のやましさは感じていたらしい。十日の大本営発表は、ミッドウェー攻略作戦の陽動として行われた北太平洋アリューシャン列島の攻略——暗号を解読していた米軍はこんな陽動に引っかからなかったのだが——とともに発表された。そのため、大勝利であるはずのミッドウェー海戦が、陽動作戦に埋もれているように見える。

【大本営発表】（六月十日午後三時三十分）

東太平洋全海域に作戦中の帝国海軍部隊は、六月四日アリユーシヤン列島の敵拠点ダツチハーバー並に同列島一帯を急襲し、四日、五日両日に亙り反復之を攻撃せり。一方、同五日洋心の敵根拠地ミツドウエーに対し猛烈なる強襲を敢行すると共に、同方面に増援中の米国艦隊を捕捉猛攻を加へ、敵海上及航空兵力並に重要軍事施設に甚大なる損害を与へたり。更に同七日以後陸軍部隊と緊密なる協同の下に、アリユーシヤン列島の諸要点を攻略し目下尚作戦続行中なり。現在迄に判明せる戦果左の如し

一、ミツドウエー方面

（イ）米航空母艦エンタープライズ型一隻及ホーネツト型一隻撃沈（中略）

三、本作戦に於ける我が方損害
（イ）航空母艦一隻喪失、同一隻大破、巡洋艦一隻大破（以下略）

戦果は情報の軽視により誇張され、損害は組織間の不和対立により隠蔽される。ここに、デタラメな大本営発表を生み出す基本構造が現出した。

ところで、大本営海軍部は国民を騙しただけではなかった。海軍は陸軍にも正確な損害を知らせず、海軍内部でもできるだけ情報を秘匿しようとした。海軍報道部の部員さえ、小川貫璽部長（五月十五日、前田稔より交代）、平出課長、田代中佐の三人以外は、当初真相を知らされていなかったというから驚かされる。

大敗に意気消沈する平出英夫

もっとも、ミッドウェー海戦の戦果については様々な疑問の声がささやかれた。大本営発表を行う当の平出課長からして様子がおかしかったのだから無理もない。

十日、黒潮会において、さきのミッドウェー海戦の大本営発表が読み上げられた。そして、平出課長によってレクチャーが行われた。「わが方も損害があったが、敵空母を殲滅した。これは『刺し違え戦法』だ」というのが平出の主張だった。

ところが、いつもと違い、どうも平出の威勢がよくない。歴戦の記者たちがこれを見逃すはずもなく、厳しい質問が飛んだ。すると、平出はヒステリックに「そういうことには関わりなく、私のいうとおり書きたまえ」といって、プイと部屋を出ていってしまった。平出は明らかに動揺していた。

その夜、ある記者が今度は刺激しないように「今日はなんとなく気勢があがらなかったね」と訊ねると、平出は「うん、まあね。こういうこともある。しかし私のレクチャーとおり書いてくれよ」と、消沈気味に答えたという。三日三晩の折衝に疲れていたということもあったのだろう。ただ、平出はどうも顔に出るタイプだったようだ。

それでも平出は気力を奮って同日ラジオに出演し、改めて「刺し違え戦法」を宣伝。日本には空母がたくさんあるのだから、「一艦一殺主義」で少しも問題ないと強弁した。そして平出はこう付け加えることを忘れなかった。「アメリカのデマ宣伝は例によつて日一日と彼の誇称する架空の戦果を倍加してゐるが、我方はいつもの通りゆつくり慎重に確実となつた彼我の損害を逐次公表してゐる」と。

「架空の戦果を倍加」させているのは、ほかならぬ日本のほうだったのだが、海軍報道部にはこれまでの実績があった。おそらく多くの国民は平出の言葉を疑わなかっただろう。「信頼性の高い大本営発表」と「信頼性のない敵国の発表」というブランディングが、このときに役に立ったのだ。黒潮会の記者たちも、疑問に思いながらも、敢えてこれを否定するような記事を書かなかった。

こうしてミッドウェー海戦の発表において欺瞞に成功した大本営は、これよりのち、よりデタラメな発表へと舵を切っていくのであった。

減少する大本営発表と軍神加藤建夫の創出

ミッドウェー海戦以降、大本営発表の数は目に見えて減少した。大本営発表は開戦以来、毎月必ず十回以上行われてきた。一九四一年十二月の九十回を筆頭に、翌年一月は六十八回、二月は六十七回、三月は三十四回、四月は二十一回、五月は十九回だった。

ところが、ミッドウェー海戦のあった六月には、これが九回に急落してしまった。以後、七月は七回、八月は八回、九月と十月はそれぞれ二回となった。いまから見れば、これは戦局転換の明白なサインだった。その後、大本営発表の回数が以前のような勢いに回復することはなかった。

この間、動揺する海軍報道部に対し、陸軍報道部はささやかな攻勢に打って出た。それは、加藤建夫中佐の戦死発表である。七月二十二日、飛行第六十四戦隊長の加藤中佐が五月にビルマで戦死したこと、そして加藤が陸軍将校としてはじめて二階級特進（少将）となったことが、陸軍省より発表された。

【陸軍省発表】（七月二十二日午後四時）
大東亜戦争勃発以来、戦闘飛行部隊長として南方各地に転戦し、全戦局の帰趨に至大の貢献をなせる、故陸軍中佐加藤建夫生前の武功に対し、曩に南方方面陸軍最高指揮官寺内寿一より感状を授与せられしが、今般　畏《かしこ》くも上聞に達せられたり

これは、海軍報道部が三月に発表した「特別攻撃隊」への対抗だった。海軍は太平洋戦争にふさわしい軍神を手に入れた。それならば、陸軍も手に入れなければならない。もちろん、華々しく発表することが必要だ。そこで、陸軍報道部は加藤の戦死を劇的に演出するため、その発表を二ヶ月の間伏せた。そして、海軍報道部が動揺し、沈黙していたこの時期に大々的に発表したのである。まさにベストタイミングだった。

陸軍将校初の2階級特進となった加藤建夫少将。

新鋭戦闘機「隼」を駆り、数々の武勲を打ち立てた加藤は、たしかに軍神として絵になった。加藤が指揮した飛行第六十四戦隊の隊歌は「加藤部隊歌」としてレコード化され、その活躍は『加藤隼戦闘隊』というタイトルで映画化された。こうして陸軍報道部の目論見どおり、加藤は国民的なヒーローにのぼりつめた。

今日、太平洋戦争期の軍神といえば、九軍神よりも加藤のほうがよく知られている。その理由として、ミッドウェー海戦の敗北は無視できない。もしこのころも海軍報道部が威勢よく発表を繰り返していたら、陸軍報道部による加藤の戦死発表は霞んでいたかもしれないからである。

ガダルカナル島をめぐる攻防戦

さて、手酷い敗北を喫したとはいえ、日本軍は攻撃の手を休めるわけにはいかなかった。圧倒的な工業力を持つ米国は、いずれ兵力を整えて大反攻に出てくる。だから、できるだけ事前に打撃を与えておかなければならない。そこで、日本軍は再び米豪間の遮断を行うことに決した。

今回の目標は、南太平洋に浮かぶ英領ソロモン諸島のガダルカナル島に定められた。日本海軍は同島に航空基地を設置し、米豪間の交通を妨害しようと計画したのである。七月六日、基地設営隊約千人と海軍陸戦隊約二百人が上陸し、さっそく飛行場の建設を開始した。

ところが、またもや日本軍の行動は米軍に筒抜けだった。八月七日、米軍は海兵隊約一万一千名をガダルカナル島に送り込み、日本軍を撃退して、完成間近の飛行場をまんまと横取りしてしまった。予想外に早かった米軍の反攻に驚いた日本軍は、陸海軍協同で同島の再奪取を計画。ここから翌年二月まで、実に半年にわたって、ガダルカナル島をめぐる激戦が繰り広げられることになった。

海上の孤島をめぐる戦いでは、制海権の確保がことのほか重要になる。なぜなら、制海権を確保した側は、自由自在に兵力の増強や補給ができるのに対し、制海権を失った側は、食糧の確保さえままならず、飢え死にを待つばかりになるからだ。したがって、ガダルカナル島周辺の制海権をめぐって、数次にわたる海戦が繰り広げられた。すなわち、第一次ソロモン海戦（八月）、第二次ソロモン海戦（同月）、サボ島沖海戦（十月）、南太平洋海戦（同月）、第三次ソロモン海戦（十一月）、ルンガ沖夜戦（同月）などがそれである。

これらの諸海戦とその報道をたどれば、ミッドウェー海戦後の大本営発表がどのように変質したのかが手に取るようにわかるだろう。紙幅の関係ですべては詳述できないが、いくつか重要な事例を取り上げてみたい。

第一次ソロモン海戦と高松宮の批判

八月七日に米海兵隊がガダルカナル島に上陸したことはすでに述べた。同日午後、この上陸部隊と輸送船団を撃滅するため、ラバウルより日本の第八艦隊が出撃した。同艦隊は、翌日夜間、ガダルカナル島北岸沖に米蘭連合の有力部隊を発見。これに夜襲をしかけた。

九日未明にかけて行われたこの第一次ソロモン海戦は、夜襲を得意とする日本海軍の圧勝に終わった。米蘭連合軍は重巡洋艦四隻を喪失。対する日本海軍はほとんど無傷だった。

この勝利は、日本海軍にとって千載一遇のチャンスだった。このとき、第八艦隊がガダルカナル島に突入して米国の輸送船団を叩きのめしていれば、上陸中の米海兵隊は大打撃を受けていたかもしれない。だが、第八艦隊は反転して戦場を離脱してしまった。夜が明ければ、敵の飛行機が襲ってくる。そうなれば、空母を持たない第八艦隊は壊滅だ。同艦隊の三川軍一司令長官はそう判断したのだった。

この結果、日本海軍は、敵有力部隊を粉砕したにもかかわらず、輸送船団の撃滅という当初の目的を果たせなかった。しかるに、大本営発表はそのような失敗をおくびにも出さなかった。

【大本営発表】（八月九日午後三時三十分）

帝国海軍部隊は、八月七日以来ソロモン群島方面に出現せる敵米英連合艦隊に対し猛撃を

加へ、敵艦隊並に輸送船団に潰滅的損害を与へ目下なほ攻撃続行中なり。本日迄に判明せる戦果左の如し

(一) 撃沈艦船

戦艦　艦型未詳一隻　　甲巡　アストリア型二隻　オーストラリヤ型二隻

巡洋艦　艦型未詳三隻以上　　駆逐艦　四隻以上

輸送船　十隻以上（中略）

(註) ＝本海戦をソロモン海戦と呼称す

のち戦艦は軽巡洋艦（乙巡）に修正された。また重巡洋艦（甲巡）の撃沈が五隻も追加されたため、最終的な戦果は、重巡洋艦九隻撃沈、軽巡洋艦四隻撃沈などとなった。実際の重巡洋艦の撃沈数は四隻だから、なんと二倍以上（軽巡洋艦も合わせると三倍以上）の水増しである。これは例によって、戦果の誤認であった。視界不良な夜戦だったということもあるが、日本軍の情報収集・分析能力の低さをここでも改めて思い知らされる。

一方、輸送船十隻撃沈も、ラバウルの海軍航空隊による誤認戦果だった。実際は、輸送船の沈没は一隻にすぎなかった。

本章の冒頭で紹介したように、高松宮はこの第一次ソロモン海戦の大本営発表を「でたら

め」「ねつぞう」と批判した。それは、米海兵隊によってガダルカナル島の飛行場を奪われたことを隠していたからだった。これでは、なぜこの地域で海戦が発生したのかわからなくなるというわけだ。ところが実際は、それに加えて、大幅な戦果の上積みをしていたのである。もはや大本営発表は、「でたらめ」「ねつぞう」を遥かに超える次元にまで達していた。

存在を抹消されたサボ島沖海戦

八月二十四日、日本海軍は再び米海軍とソロモン海で激突した。これを第二次ソロモン海戦と呼ぶ。この海戦を受けて、さきのソロモン海戦は第一次ソロモン海戦と呼ばれるようになった。

第二次ソロモン海戦で日本海軍は空母「竜驤」を喪失した。しかし、大本営はこれを沈没ではなく大破として発表した。米空母が一隻も沈んでいないのならば、日本空母も一隻も沈んではならない。そんな「戦果の平均」の考えのもと、意図的に日本海軍の損害は隠蔽された。こんな小細工はやらず、正確な損害を発表するべきだという意見も海軍内にはあったが、最終的に押し切られた。これでは架空の戦記小説を書いているといわれても仕方ない。

さらに酷いのは、十月十一日に行われたサボ島沖海戦である。

このころ、すでに日本海軍はガダルカナル島周辺の制海権を失い、飛行場奪還のため上陸した陸軍部隊は食糧や弾薬の不足に悩まされていた。そこで、海軍は水上機母艦による物資の輸送を計画。その支援部隊として、第六戦隊をガダルカナル島に向かわせた。

ところが、第六戦隊は米艦隊の待ち伏せを受けた。ときすでに深夜だったものの、米艦隊はレーダーを使って射撃、重巡洋艦「古鷹」と駆逐艦「吹雪」を撃沈した。さらに第六戦隊の旗艦「青葉」の艦橋にも命中弾を与え、五藤存知司令官を戦死させた。対して、米艦隊は駆逐艦を一隻失っただけだった。夜戦を得意とする日本海軍が、レーダー射撃という最新技術の前に一方的に敗れ去ったのである。第一次ソロモン海戦とは正反対の結果だった。

報告を受けた海軍上層部は驚愕した。第一次ソロモン海戦で振りかざした「夜戦の伝統」をいまさら取り消すわけにはいかない。かといって、ここまで一方的な敗北を勝利として誇張することも難しかった。最終的に、海軍は沈黙をもってこの敗北に臨んだ。すなわち、単独の海戦としてこれを発表しなかったのである。それゆえ、戦時中の日本人は、この海戦について知ることはなかった。

手酷い敗北は、存在そのものを抹消する。サボ島沖海戦は、大本営に新しい情報操作の手段を与えただけに終わった。

辻褄が合わなくなった南太平洋海戦

続いて、十月二十六日の南太平洋海戦を取り上げる。

なかなか米海軍を駆逐できないことに痺れを切らした日本海軍は、ついに強力な機動部隊を投入した。「翔鶴」「瑞鶴」「瑞鳳」「隼鷹」の空母四隻を中核とした機動部隊である。これに対して、米海軍は空母「エンタープライズ」「ホーネット」を中心とする機動部隊を投入した。

相互に激しい航空戦が行われたが、数で勝る日本海軍が「ホーネット」を撃沈。さらに「エンタープライズ」をも大破した。一見すると日本海軍の大勝利だ。ただ一方で、空母の沈没こそなかったものの、日本海軍は優秀なパイロットを多数失い、機動的な航空戦力を喪失した。国力の乏しい日本にとって、この損害は空母喪失にも勝る打撃だった。

その影響のひとつが戦果の確認である。南太平洋海戦で攻撃部隊の指揮官たちがほとんど戦死したため、未熟なパイロットの証言に戦果確認を依存せざるをえなくなった。これでただでさえ不正確な現地部隊の報告が、一層不正確なものへと転落した。

また、軍令部でも以前に比べ冷静に戦果を精査する余裕を失っていた。二十七日の高松宮の日記には次のようなやり取りが記されている。連合艦隊から「空母四隻撃沈」との報告があがってきた。楽観的な作戦部作戦課でさえ「せいぜい三隻では」と疑問を向けたが、軍令部次長の伊藤整一中将が「連合艦隊が四隻だというのに、それを三隻とする根拠があるのか」と反論。

その結果、「空母四隻撃沈」という発表にまとまってしまった。

こうしたやり取りを受けて、拙速にも同日午後八時三十分に、空母四隻、戦艦一隻撃沈という、明らかに過大な大本営発表が行われてしまった。日本海軍は、この南太平洋海戦をミッドウェー海戦の仇討ちと捉えて大いに喧伝した。

【大本営発表】（十月二十七日午後八時三十分）

一、帝国艦隊は十月二十六日黎明より夜間に亘りサンタクルーズ諸島北方洋上において敵有力艦隊と交戦、敵航空母艦四隻、戦艦一隻、艦型未詳一隻を撃沈、戦艦一隻、巡洋艦三隻、駆逐艦一隻を中破し、敵機二百機以上を撃墜その他により喪失せしめたり
我が方の損害　航空母艦二隻、巡洋艦一隻小破せるも何れも戦闘航海に支障なし、未帰還機四十数機

（註）本海戦を南太平洋海戦と呼称す（以下略）

ただ、さすがにこれは過大だということで、十一月十六日午後三時三十分に改めて南太平洋海戦の戦果が発表し直された。すなわち、戦艦一隻、空母三隻（「エンタープライズ」「ホーネット」、艦名不詳）撃沈というものである。多少まともになったとはいえ、依然として誇大な

戦果であることに変わりはなかった。

さらに、ここで興味深いのは、次のような註釈である。

（註）ミツドウエー強襲に於て撃沈と発表せる「ホーネツト型」は「ヨークタウン」なりしこと、又「エンタープライズ」型は（引用者註、撃沈ではなく）損傷を受けたること、ならびに珊瑚海海戦に於て撃沈と発表せる「ヨークタウン」型は特設航空母艦なりしこと判明せり

軍令部はこれまで明らかに過大な戦果判定を行ってきた。そのツケがここで回ってきたのである。なぜあれだけ沈めたはずなのに、米空母がこんなに残っているのか。どうも辻褄が合わない。もしかして、この空母は実は沈んでいなかったのではないか――。再検討の結果、ミッドウェー海戦の戦果が空母一隻の減となった。これで同海戦の発表は、おおよそ正確なものとなった。ただ、折角ここで修正したにもかかわらず、南太平洋海戦で再び誤認戦果を上積みしているのだから、まったく元の木阿弥だった。

混乱する海軍の戦果判定に対し、昭和天皇は戦争末期にこう苦言を呈したといわれる。「サラトガが沈んだのは、こんどでたしか四回めだったと思うが」。戦局が不利に転じるなかで、

海軍は開戦初期の慎重さを失いつつあった。

戦艦の喪失を誤魔化した第三次ソロモン海戦

最後に、第三次ソロモン海戦とルンガ沖夜戦を見ておきたい。

第三次ソロモン海戦は、十一月十二日から十五日にかけて行われた。第三十八師団をガダルカナル島に上陸させようとする日本海軍と、これを阻止しようとする米海軍の戦いである。

日本海軍は、この海戦で太平洋戦争開戦以来はじめて戦艦を喪失した。しかも投入した「比叡」「霧島」の二隻とも、である。すでに述べたように、戦艦は当時主力艦と呼ばれ、膨大な予算と物資と時間をつぎ込んで建造される海軍兵力の要だった。世界三位の海軍国だった日本さえ、このとき戦艦は十二隻しか保有していなかった。そこでいきなり二隻も喪失したのである。海軍の衝撃は大きかった。

そのため海軍は、またしても損害の隠蔽を図った。第三次ソロモン海戦に関する大本営発表は十八日午後三時三十分と二十八日午後六時四十五分に行われたが、最終的に戦艦の損害は「一隻沈没、一隻大破」ということで落ち着いた。一方、米海軍の戦艦の損害は「二隻沈没」とされた。こちらは戦果の誇張であり、実際のところ米戦艦は一隻も沈んでいなかった。明らかに日本海軍の惨敗だった。しかも、日本海軍はこれだけの損害を出しながら、兵員や物資をほとんどガダルカナル島に上陸させることができなかった。

なお、戦艦喪失の発表は国民にも大きな衝撃を与え、戦艦献納運動まで巻き起こった。戦艦には、ほかの艦種にはない特別な意味合いがあったのである。一隻沈没の発表ですらこうなのだから、大本営が二の足を踏んだのも無理はなかった。

また、もうひとつのルンガ沖夜戦は、同月三十日夜にガダルカナル島ルンガ岬の沖で行われた。攻撃力・防御力の両面で劣る日本海軍の駆逐艦部隊は、それにもかかわらず、米海軍の重巡洋艦部隊に対して果敢に攻撃をしかけ、重巡洋艦一隻を撃沈、同三隻を大破させるなどした。こちらは打って変わって日本海軍の圧勝だった。とはいえ、戦果誤認の悪癖は治らず、大本営報道部は翌月三日午後五時十五分に「戦艦一隻撃沈」などと発表してしまった。このころになると、米戦艦の名称などは発表されなくなった。もはや実在の戦艦と対照させることが難しくなったのだろう。これより「戦艦一隻撃沈」「空母一隻撃沈」という戦果は、まるで記号のように紙のうえで計上されていくことになる。

このように、日本海軍はときに勝利を収めることもあったが、戦力を増強した米海軍に苦戦を強いられ続けた。そしてついに、ガダルカナル島周辺の制海権を確保することができなかった。日本海軍はこの戦いで多くの艦艇、輸送船、飛行機を喪失、継戦能力を大きく損なっただけに終わったのである。日本の工業力では、この喪失を埋めることは難しかった。いま振り返れば、太平洋戦争の帰趨はこのときすでに固まっていたといえる。

しかし、内地の国民はこうした事実を一切知らされず、日本海軍は米海軍を圧倒していると思い込まされていた。大本営発表が「勝った、勝った」と連呼していたからである。もはや大本営はルーチンワークのように損害を隠蔽するようになった。そこに戦果の誤認も重なった。大本営発表と現実との乖離は、もはや取り戻せないくらいに広がっていた。かくしてデタラメの代名詞としての大本営発表は完成したのである。

白々しい陸海軍報道部対談会

第三次ソロモン海戦とルンガ沖夜戦との間にあたる十一月十九日。朝日新聞社の主催により、帝国ホテルにおいて陸海軍報道部の対談会が行われた。これは、両報道部が意見を述べあう貴重な機会となった。

陸軍報道部からは、部長の谷萩那華雄大佐、秋山邦雄中佐、堀田吉明中佐、佐々木克己中佐、海軍報道部からは、部長の小川貫璽少将、課長の平出英夫大佐、田代格中佐、富永謙吾少佐が出席した。一部を除き本書でもたびたび触れた面々である。また司会として、同社編集局長の香月保が出席した。対談会の内容は、十一月二十二日付から二十八日付にかけて六回にわけて紙面に掲載された。

注目すべきは、二十七日付に掲載された第五回「嘘で固めた宣伝」である。ここで両報道部は、連合国の発表はデマばかりだと口をきわめて批判している。海軍の平出が、米国人は「戦果とは何か」がわからないほど戦果発表から遠ざかっているといえば、陸軍の谷萩は、中国のプロパガンダは実に稚拙で取るに足りないと応じる。様々なエピソードを持ち出すふたりの会話は、まるで掛け合い漫才のようだ。

その一部を抜き出してみよう。

平出「かれらの宣伝として面白い例がある。アメリカ式宣伝として非常によく行つた代表的なものの一つですが、『コダツクとは何ぞや』といふ文句がながい間、新聞の広告に現れた。そこで読者はコダツクといふのは一体何だらうといふ好奇心を持つてゐた。そしてそのあとでコダツクの写真機の本当の写真を出して『これがコダツクだ』と来た。これが非常に受けた。かれらが現在やつてゐるでたらめな宣伝も、その式で『戦果とは何ぞや』とやつてゐるのかも知れない。そして一番しまひになつて『戦果はこれなんだ』（引用者註、「長く隠していたが、実はこんなにも少ないんだ」の意）とパツと出して、案外受けるかも知れない」（笑声）

谷萩「アメリカが誇大な宣伝をやるといふのは、重慶と一脈相通ずる。（中略）支那には張三李四といふ言葉がある。張三、李四といふ二人の男が同棲してゐた。張三は大いに金を貯めて、盗まれるのが恐ろしいので、地面に埋めておいた。そして『この下に金の入つた甕壺は埋めてないぞ』と書いた紙をそこへ樹《た》てておいた。その甕壺を李四が掘り起して盗んだ上『甕壺を盗んだものは李四ではない』と書いておいた。これがプロパガンダだといふ――」（笑声）

国民はこうした何気ないエピソードを通じて、「信頼性の高い大本営発表」と「信頼性のない敵国の発表」という対比を改めて刷り込まれたのである。

ところが、このときすでに大本営発表は「でたらめ」「ねつぞう」に転落していた。「嘘で固めた宣伝」をやっていたのは、ほかならぬ大本営報道部員たちのほうだったのである。だからこそ彼らは、連合国のデマをことさらに批判しなければならなかった。なんと白々しい対談会だったことだろう。

これ以降も、報道部員はことあるごとに連合国のデマ宣伝の批判を繰り返していった。こうした活動もまた、報道部員たちの重要な仕事のひとつだった。

国民は三重に目隠しされた

以上、一九四二年五月から一九四三年一月までの大本営発表を見てきた。この間の大本営発表は、なんとたった六十八回にすぎなかった。月平均で約七・六回。一九四一年十二月の大本営発表が単月で九十回にも及んだことを考えると、いかにその数が激減したかがわかる。その大きなきっかけがミッドウェー海戦の敗北であったことは、すでに述べたとおりである。

図4　1942年中の主な海戦における日米の主力艦喪失数

海戦名	交戦国	艦種	大本営	実際	誤差	沈没した艦名
珊瑚海海戦 5月7日〜8日	日本	空母 戦艦	1 0	1 0	0	「祥鳳」「レキシントン」
	米豪	空母 戦艦	2 1	1 0	2	
ミッドウェー海戦 6月5日〜7日	日本	空母 戦艦	1 0	4 0	-3	「赤城」「加賀」「蒼竜」「飛竜」「ヨークタウン」 ＊米空母の沈没数は、南太平洋海戦ののち修正
	米	空母 戦艦	2→1 0	1 0	1→0	
第二次ソロモン海戦 8月24日	日本	空母 戦艦	0 0	1 0	-1	「竜驤」
	米	空母 戦艦	0 0	0 0	0	
南太平洋海戦 10月26日	日本	空母 戦艦	0 0	0 0	0	「ホーネット」
	米	空母 戦艦	3 1	1 0	3	
第三次ソロモン海戦 11月12日〜15日	日本	空母 戦艦	0 1	0 2	-1	「比叡」「霧島」
	米	空母 戦艦	0 2	0 0	2	
ルンガ沖夜戦 11月30日	日本	空母 戦艦	0 0	0 0	0	なし
	米	空母 戦艦	0 1	0 0	1	

図4は、この間の主要な海戦における日米の主力艦喪失数を示している。左が大本営発表上の数値、右が実際の数値である。簡略化するために、空母と戦艦の沈没のみに絞った。そのため、両艦種が沈没していない海戦は省いた。

この表を見てもわかるとおり、日本軍はそもそも情報収集・分析力の不足により、戦果を誤認しがちであった。のちになるほど経験豊かなパイロットがいなくなったため、この傾向に拍車がかかった。

これに加え、ミッドウェー海

戦以降は自軍の損害を隠蔽するようになった。

そしてガダルカナル島をめぐる諸海戦のころには、戦果の誇張と損害の隠蔽が慢性的に行われるようになった。本書では紙幅の関係からほとんど省いているが、実際には、これに重巡洋艦、軽巡洋艦、駆逐艦、潜水艦、輸送船、飛行機などの戦果の誇張や損害の隠蔽が加わるのである。日本海軍は、まるで紙のうえで戦いを繰り広げているようであった。新聞記者のなかには、大本営発表のデタラメさに勘づいた者もいた。ただ、それが記事に反映されることはなかった。

この結果、国民は三重に目隠しされた。まず、日本軍の情報の軽視により、戦果の誇張が起きる。次に、軍部の組織的な不和対立により、損害の隠蔽が起きる。最後に、軍部と報道機関の一体化により、ジャーナリズムが機能不全に陥る。こうして国民のもとにたどりつくところには、大本営発表は「でたらめ」「ねつぞう」と成り果てたのである。

このような環境のなかで、軍部内の感覚は次第に麻痺していった。前回もやったのだから、今回も損害を隠蔽してしまおう。これも士気高揚のためだ。いまさらついた嘘を覆すこともできない。マスコミは自由自在に動かせるし、どうせ国民にばれはしない――。

一度感覚が麻痺してしまえば、もう何も怖いものはなかった。一九四三年二月以降、敗退が続くにもかかわらず、大本営発表は再び増加に転じるのである。

第四章

「転進」「玉砕」で敗退を糊塗

（一九四三年二月～一九四三年十二月）

「転進」と「玉砕」が生まれた理由

一九四三年は、太平洋戦争の攻守が完全に逆転した年である。

この年、米軍は新型の空母や戦闘機を次々に実戦配備し、戦力を大幅に増強した。これに対し、日本軍は各地で後退を強いられるようになった。具体的には、占領した島からの撤退や、守備隊の全滅が相次いだ。高級指揮官の戦死も、もはや珍しいことではなくなった。

ことここに至って、敗退の隠蔽は困難だった。

島々が陥落し、前線が日本本土に近づいている。それなのに、島はまったく陥落していないと強弁する。さすがの大本営も、そんなすぐに露見する嘘はつけなかった。この点、陸上戦は海戦のように誤魔化しが利かなかった。

とはいえ、「撤退」や「全滅」をありのままに発表すれば、国民の戦意が萎えてしまうかもしれない。場合によっては、作戦を指導した大本営の責任も問われかねない。それはそれで看過できないことだった。そこで思い悩んだ大本営は、特殊な話法を編み出した。

すなわち、日本軍は撤退したのではない。作戦目的を達成したので、方向を転じて別の方面に進んでいるのだ。あるいは、日本軍は無策によって全滅したのではない。積極的な攻撃によって玉のように美しく砕け散ったのだ——と。

要するに、大本営は、隠し切れない敗退を美辞麗句で糊塗するという新しい技法を身につけたのである。その美辞麗句こそ、悪名高い「転進」と「玉砕」にほかならない。ここに従来の戦果の誇張と損害の隠蔽が加わり、大本営発表はますます現実から遊離していった。

本章では、一九四三年二月から十二月までの十一ヶ月の大本営発表を取り上げ、「転進」や「玉砕」のような言葉が生み出された背景を探っていく。

ガダルカナル島からの「転進」

一九四二年八月七日より、ソロモン諸島のガダルカナル島では、日米間の激しい攻防戦が繰り広げられてきた。制海権をめぐる数度の戦いは、前章で言及したとおりである。一方、陸上の戦いはさらに熾烈をきわめた。

日本軍は、強靭な米海兵隊を駆逐するため、約三万一千名の兵力を次々にガダルカナル島に送り込んだ。ところが、制海権と制空権を米軍に奪われたため、弾薬や食糧の補給に失敗。最終的に、約二万名もの兵力をいたずらに失ってしまった。そのうち四分の三が餓死と戦病死というから、いかに杜撰《ずさん》な作戦だったかがわかる。これに対して、米軍の戦死者は約千六百名だった。

強気の大本営も、増えゆく一方の損害を前にして、ついにガダルカナル島の放棄を決定。翌年二月七日までに三次にわたる撤収作戦を実施した。あとには累々たる日本軍将兵の屍が残された。こうして半年にわたって続けられたガダルカナル島——その悲惨さから「餓島」とも呼ばれた——の攻防戦は、米軍の完勝に終わった。

さて、戦いが終われば、今度は国民に発表しなければならない。今回発表を担当するのは、陸軍報道部である。そのため、ここから陸軍内部で発表文をめぐる駆け引きがはじまった。

連戦連勝を誇る陸軍として、「退く」という言葉は絶対に使いたくない。かといって隠し通すことも現実的ではない。どうしたものかと悩んだ陸軍首脳部は、ついに「転進」という言葉を作り出した。「日本軍は敗北したのではない。作戦目的を達成したので、方向を転じて別の方面に進んでいるのだ」。それが陸軍の言い分だった。

「転進」は、陸軍省軍務局長の佐藤賢了少将（元陸軍報道部長でもある）と、参謀本部第二部（通称、情報部）長の有末精三少将の合作といわれる。つまり、陸軍省と参謀本部が合同でこの詭弁を生み出したわけだ。こうなっては、発言力がない報道部は唯々諾々と発表文を読み上げるほかなかった。

では、二月九日に行われた「転進」の大本営発表を見てみよう。この大本営発表はとにかくわかりづらいが、まずは原文を引いておく。引用後に要約してあるので、無理に読んでもらわなくても構わない。

【大本営発表】（二月九日十九時）

一、南太平洋方面帝国陸海軍部隊は、昨年夏以来有力なる一部をして遠く挺進せしめ、敵の強靭なる反攻を牽制破砕しつゝ、其の掩護下にニューギニア島及ソロモン群島の各要線に戦略的根拠を設定中の処、既に概ね之を完了し、茲《ここ》に新作戦遂行の基礎を確立せり

二、右掩護部隊としてニューギニア島のブナ附近に挺進せる部隊は、寡兵克《よ》く敵の執拗なる反撃を撃攘しつゝありしが、其の任務を終了せしに依り、一月下旬陣地を撤し、他に転進せしめられたり。同じく掩護部隊としてソロモン群島のガダルカナル島に作戦中の部隊は、昨年八月以降引続き上陸せる優勢なる敵軍を同島の一角に圧迫し激戦敢闘、克く敵戦力を撃摧しつゝありしが、其の目的を達成せるに依り、二月上旬同島を撤し、他に転進せしめられたり。

我は終始敵に強圧を加へ、之を慴伏《しょうふく》せしめたる結果、両方面とも掩護部隊の転進は、極めて整斉確実に行はれたり（以下略）

要するにこういうことである。①日本軍は、ニューギニア島とソロモン群島に新しい拠点を

準備中だった。②その間、横腹を突かれないように、精鋭部隊をニューギニア島のブナ付近とガダルカナル島に派遣して米軍を牽制させておいた。③牽制用の部隊は、優勢な敵を相手に実によく戦った。④しかし、新しい拠点が完成したので、牽制用の部隊は別の方面へと移動（転進）させた。

なお、ニューギニア島ブナ付近からの「転進」については次で触れるのでここではおく。

それにしても、発表文は一文一文がきわめて入り組んでおり、たいへんな悪文である。おそらく「転進」の箇所以外にも様々な部署から口を出され、修正を積み重ねるうちに、こうした文章に成り果てたものと思われる。重大な発表には、様々な部署の承認が必要だからだ。あるいは、意図的に損害を隠蔽する行為にためらいもあったのかもしれない。いずれにせよ、前例がないほど難解な文体なのは間違いない。

また、同じ大本営発表の末尾には、彼我の損害が次のように示された。ニューギニア戦線と合わせたものとはいえ、明らかに日本軍の損害が過少に、そして米軍の損害が過多に見積もられていることがわかる。

三、現在までに判明せる戦果及我が軍の損害は既に発表せるものを除き左の如し
（一）敵に与へたる損害　人員　二五、〇〇〇以上（中略）

（二）我方の損害　人員　戦死及戦病死　一六、七三四名（以下略）

言葉の発明に数字の調整。こうした小細工を積み重ねて、大本営はなんとかガダルカナル島の完敗を誤魔化そうとしたのである。

大本営発表を疑いはじめた国民

一方、さきの大本営発表では、ニューギニア島のブナ付近からの「転進」も同時に発表されていた。これについても簡単に触れておこう。

日本軍はニューギニア島南東の要衝ポートモレスビーの攻略をめざし、一九四二年五月に海上からの上陸を図った。ところが、その途中で珊瑚海海戦が発生し空母に損傷を受けたため、作戦は中止された。これは前章で述べたとおりだ。

そこで日本軍は同年七月、海上からではなく、同島北岸のブナ付近より陸路でポートモレスビーを攻めることにした。ところが、南岸のポートモレスビーとの間には、日本アルプスよりも険しいオーエン・スタンレー山脈が横たわっていた。熱帯特有の密林と豪雨も加わり、その踏破は困難をきわめた。結果的に、主力の南海支隊はポートモレスビーにたどりつく前に食糧を失い、九月になって後退を余儀なくされてしまう。なんともいい加減な作戦だったが、このころ大本営はガダルカナル島の攻防戦に忙殺されており、ニューギニア戦線を支援する余力を失っていたのである。

こうして這々《ほうほう》の体《てい》でブナ付近（ブナ、ギルワ、バサブア）に撤退してきた日本軍に対し、十二月、米豪の連合軍が襲いかかった。連合軍の物量に圧倒されて、まずブナ北西のバサブアの守備隊が全滅。次にブナの守備隊が全滅した。ギルワの守備隊も全滅の危機に瀕し、ついに翌年一月同島の西方へと撤退することになった。つまり、ガダルカナル島の攻防戦とほぼときを同じくして、日本軍は連合軍に対して完敗していたわけだ。

大本営は、ここでもやはり敗退の隠蔽を図った。ガダルカナル島の撤退とあわせて、ブナ付近からの撤退も「転進」と発表したのである。さきの大本営発表において、ガダルカナル島とニューギニア島の戦況が同時に述べられていたのは、こうした事情による。

それにしても、こうした「転進」の発表はこれまでの威勢のいい発表に比べ、明らかに歯切れが悪かった。味方の損害も、一万六千人余と決して少なくない。よく読めば、日本軍の苦戦を見抜けなくはない。

現に「転進」発表の前後から、日本軍の敗退を疑う国民の声が聞こえはじめた。

思想犯を取り締まる特別高等警察の内部資料「特高月報」には、大本営発表や新聞報道に不信感を抱く国民の生々しい声が記録されている。

「今日本は負戦さばかりだそうですね。発表ばかり勝つた様にしてゐるが、本統《〔ママ〕》は負けて居るとの事だ」（一九四二年十二月二十八日、熊本県内の投書）

「本間《〔ママ〕》の事は新聞に書かれへん（中略）十二月三十日に航空母艦が英国でやられ、本月四日にまた六隻がやられ海軍全滅のこと（中略）国民はもう知つてるぞ」（一九四三年一月二十四日付消印、大阪府内の投書）

さらに進んで九月中旬には、兵庫県の高等女学校教諭嘱託が四年生を前にこう話したという。

「新聞には勝つた〳〵と言ふことを書いてゐるが、事実はどうか分らん。勝つたと言ふのに日本には戦死者が非常に沢山あるではないか。之を見ただけでも、我軍が相当苦戦をして不利な方になつて来て居る事は分かるだらう」

また憲兵司令部も、十一、十二月中の「流言蜚語《ひご》」として次のように記録している。

「ガダルカナルでも本当は日本が不利だ。転進と云ふ言葉を使つてゐるが、事実は後退なり」「大本営の発表も当にならぬものが多い」「新聞紙上には、『ソロモン』海戦に於て日本が圧倒的大戦果を収めたと報道して居るが、実際は米英が資材豊富で技術も進んで居るから、絶対日本に負けることはない」（「十二月中ニ於ケル流言蜚語」）

国民は、決して大本営報道部のいいなりではなかった。これ以降、様々な弥縫策《びほうさく》にもかかわらず、大本営発表に対する国民の信頼はがらがらと崩れ落ちていった。

「宴会疲れ」の海軍報道部に山本五十六長官戦死の衝撃

ただ、同年序盤の海軍報道部にはまだまだ緊張感が欠けていた。「転進」の発表があって間もない三月に、同部に配属された高戸顕隆主計中尉が当時の雰囲気を証言している。

高戸は異動前、駆逐艦の乗組員として南太平洋海戦や第三次ソロモン海戦などに参加していた。鉄火飛び交う激戦地から、霞が関のデスクワークへ。そんな対比もあって、高戸の目に、海軍報道部は「ダラケ切っている」と見えた。ある報道部員など、夕方になるとソワソワしはじめ、やがて新聞社や雑誌社に誘われて料亭へ繰り出すという始末。あるいは、新聞社の車をまるで自分のもののように乗り回す者さえあった。

新聞社側の証言もこれを裏づける。日本産業経済（中外商業新報を改題）記者の岡田聰はいう。

「わが社でも私の在任中、春秋二回、報道部長以下を柳橋の亀清楼だの、茅場町の其角だの、築地の錦水だのへ招待した。これを在京の各社が全部やるので報道部は宴会疲れをしていたようだ」

大本営報道部と新聞社との癒着は、「宴会疲れ」を引き起こすほどの水準に達していたのだ。

見かねた高戸は、平出英夫報道課長に「宴会に出るのをやめてはどうですか」と提案したが、梨の礫だった。平出はこのころ再び調子を取り戻し、経済人の集まりで「海軍兵学校時代に自慰をやりすぎて視力が悪くなった」などと冗談を飛ばしていたらしい。激戦地から帰還した高戸には異様に感じられたようで、わざわざこの逸話を戦後の回想録のなかに記している。

だが、そんな海軍報道部の空気を一変させる大事件が発生した。四月十八日、前線視察中の連合艦隊司令長官山本五十六大将の搭乗機が、ソロモン諸島のブーゲンビル島上空で米軍機の待ち伏せに遭い撃墜されたのである。情けないことに、海軍の暗号は完全に筒抜けだったのだ。これにより山本は死亡、日本海軍は戦時下に実戦部隊の最高指揮官を失うという未曽有の事態に直面した。毎日新聞記者の後藤基治によると、平出はショックのあまり卒倒したという。

山本の戦死は厳重に秘匿され、約一ヶ月後の五月二十一日になってようやく発表された。ラジオでは「特別攻撃隊」の発表のときと同じく「海ゆかば」が奏でられた。

【大本営発表】（五月二十一日十五時）

連合艦隊司令長官海軍大将山本五十六は、本年四月前線に於て全般作戦指導中、敵と交戦、飛行機上にて壮烈なる戦死を遂げたり

後任には海軍大将古賀峯一親補せられ、既に連合艦隊の指揮を執りつつあり

通常、個々の軍人の戦死は大々的に発表されない。特に功績のあった軍人の場合（たとえば

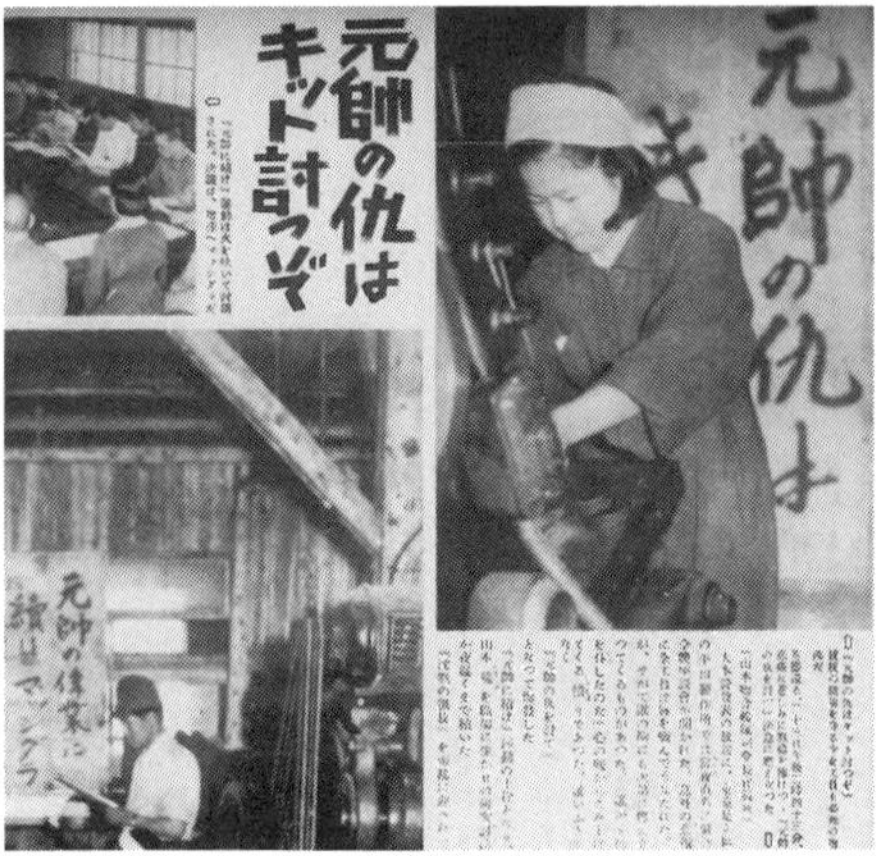

『写真週報』274号の山本五十六追悼特集。山本の戦死は戦意高揚キャンペーンに利用された。

加藤建夫など）に限って、陸軍省や海軍省から発表されるくらいである。たったひとりの戦死のために大本営発表が行われたのは、その歴史のなかでも数例にすぎない。

　現役の連合艦隊司令長官の戦死は、それだけ衝撃が大きかったのだ。まして山本は緒戦の快勝を導いた指揮官として、国民の信望も厚かった。異例の措置が取られたのもゆえなしとしない。

　もちろんこうした特別扱いは、単なる追悼が目的ではない。山本の戦死は、「特別攻撃隊」のときのように、徹底的に戦意高揚キャンペーンに利用された。「山本元帥に続け」「元帥の仇は増産で」などのスローガンも作られた（山本は元帥号を追贈された）。こうしたキャンペーンは一定の効果をあげたようである。

　ただし、その効果にも限界があった。二度、三度と続けば、単に戦局の悪化を印象づけるだけだからである。翌年、後任の古賀峯一が殉職したとき、そのことは明らかになる。

全滅を誤魔化したアッツ島の「玉砕」

悲報はさらに続く。九日後の五月三十日、今度は陸軍報道部より、アリューシャン列島のアッツ島守備隊が、米軍の攻撃により全滅したとの発表が行われた。ラジオはまたしても「海ゆかば」を奏でなければならなかった。

日本軍は、前年六月にミッドウェー攻略作戦の陽動として米領のアッツ島を占領。その後、二千六百名ほどの守備隊を同島に配置していた。アッツ島は北太平洋の孤島であり、戦略的な価値はほとんどなきに等しかった。激戦地の南太平洋から遥かに離れていたこともあり、日本軍はこの島を重要視していなかった。

ところが五月十二日、米軍が突如として一万一千の陸軍部隊を上陸させ、島の奪還を図ってきた。守備隊は寡兵よく戦ったが、増援や撤収が行われなかったため、二十九日までに全滅してしまった。人事不省で捕虜になった者を除けば、生存者はゼロ。文字どおりの全滅である。最後の攻撃に参加できない重傷者は、事前に自決したというのだから凄まじい。これに対して、米軍の戦死者は六百名ほどだった。

ここまで絶望的な戦いは前代未聞だった。陸軍報道部は表現に悩んだ。全滅したアッツ島守備隊に「転進」はふさわしくない。かといって、「全滅」はあまりにイメージが悪すぎる。そ

最初の「玉砕」は、遥か北方のアッツ島で発生した。『写真週報』276号より。

こで、「玉のように美しく砕ける」という意味の「玉砕」という言葉が選ばれた。できるだけ全滅のイメージを美化しようという苦肉の策だった。

「玉砕」という言葉は中国の古典に由来し、これ以前にも新聞や軍歌などでたびたび使われていた。ただ、大本営発表のなかで使われたのは これがはじめてのことである。

【大本営発表】（五月三十日十七時）

一、「アッツ」島守備部隊は、五月十二日以来極めて困難なる状況下に、寡兵よく優勢なる敵に対し血戦継続中の処、五月二十九日夜敵主力部隊に対し最後の鉄槌を下し、皇軍の神髄を発揮せんと決意し、全力を挙げて壮烈なる攻撃を敢行せり。爾後通信全く杜絶、全員玉砕せるものと認む。傷病者にして攻撃に参加し得ざるものは、之に先ち悉く自決せり。我が守備部隊は二千数百名にして、部隊長は陸軍大佐山崎保

代なり。敵は特種優秀装備の約二万にして、五月二十八日までに与へたる損害六千を下らず（以下略）

例によって戦果の水増しも行われた。米軍の総数は二倍に、その被害数は十倍に誇張されている。

谷萩那華雄報道部長は、同じ日の午後七時のラジオで「アッツ島の血戦について」と題して演説。アッツ島守備隊が一兵の増援、一発の弾薬の補給も求めずに大軍相手に奮闘したなどと激賞した。実際のところ、日本軍は圧倒的な米軍に阻害されて、増援や補給をできなかったのである。ところが、この事実は隠蔽され、守備隊の「玉砕」は「皇軍の神髄発揮」という美談に変えられてしまった。

この結果、大本営の責任は不問に付された。そもそも作戦の見通しが甘かったのではないか。なぜ救出作戦が行われなかったのか。日本軍は米軍に太刀打ちできていないのではないか。こうした疑問は、「アッツ島の英霊に応えよ」という掛け声にかき消された。

それゆえ、大本営の作戦指導はまったく変化しなかった。守備隊はこのあとも各地で全滅を強いられていく。「玉砕」という言葉は大本営から反省の機会を奪ったのである。

戦艦「陸奥」の爆沈とその隠蔽

ガダルカナル島からの「転進」、山本五十六の戦死、アッツ島守備隊の「玉砕」などが次々に発表される傍らで、損害の隠蔽も相変わらず行われていた。その最たるものが、戦艦「陸奥」の爆沈である。六月八日、瀬戸内海の柱島泊地に停泊中だった「陸奥」が突如として爆発。大勢の乗員とともに沈没した。弾薬庫の爆発が原因だった。

当時、日本海軍の戦艦保有数は十隻。前年十一月に第三次ソロモン海戦で「比叡」と「霧島」を失っており、これ以上の損害は絶対に避けなければならなかった。国力が乏しい日本では、新たに戦艦を補充することが難しいからだ。

まして「陸奥」は、最新鋭の戦艦として国民に広く親しまれていた。実際にはより新鋭の「大和」と「武蔵」が存在したのだが、この両艦は軍事機密のため一般には無名だった。それゆえ「陸奥」は、同型艦の「長門」とともに、日本海軍のシンボルだったのである。

こうした事情があったにもかかわらず、日本海軍は「陸奥」を喪失してしまった。しかも戦闘ではなく事故によって。あってはならない大失態だった。

大本営は当然のごとく「陸奥」の爆沈を隠蔽した。国民に増産を訴えている手前、海軍の不手際で貴重な戦艦を失ったなどといえるはずもなかった。そのため、一般国民の多くは敗戦後になって「陸奥」の爆沈を知らされることになった。

日本海軍はこれ以降、大きな海戦以外でも戦艦や空母をいたずらに失っていく。一九四三年十二月に特設空母（商船を改造した空母）「冲鷹」、翌年八月に特設空母「大鷹」、九月に特設空母「雲鷹」、十一月に特設空母「神鷹」、空母「信濃」、戦艦「金剛」、十二月に空母「雲竜」などが沈没した。いずれも潜水艦の雷撃が原因である。大本営はこれらの喪失を発表せず、すべて闇へと葬り去った。

こうした損害の隠蔽は戦局の悪化とともに雪だるま式に増え、やがて取り返しがつかないほどに膨れ上がっていった。

平出英夫、体調不良で海軍報道部を去る

先述したとおり、海軍報道部の平出課長は、山本長官戦死のショックで卒倒したといわれる。別の証言によれば、平出は総合雑誌の編集長たちとの懇談会中に脳溢血で倒れたらしい。いずれにせよ、彼の心労はこのころピークに達していた。

このため、平出は一九四三年七月付で軍令部第三部第八課長（英連邦情報担当）に異動となった。いかに有名なスポークスマンとはいえ、いつまでも一軍人を同じ職につけておくわけにもいかなかった。もっとも、その才能を惜しまれてか、十二月にはフィリピン大使館付武官に異動。マニラで再び報道業務に従事することになった。

新任の報道課長、栗原悦蔵大佐。その素朴な人柄は黒潮会の記者たちにも慕われた。写真は眼鏡を外したときのもの。

一方、新たに報道課長に補職されたのは、軍令部第二部第四課長（動員担当）より異動となった、栗原悦蔵大佐である。

栗原は平出に比べて地味な人物であった。「派手な平出を洗練された外交官にたとえるなら、地味な栗原は朴訥な田舎の村長さんをほうふつとさせた」。『中央公論』の編集長を務めた黒田秀俊はふたりの人柄をこう対比させる。

栗原の風貌は、坊主頭の痩顔に度の強そうな丸眼鏡。「日本ニュース」に残された映像を見ると、低い声で、ゆっくりと嚙みしめるように大本営発表を読み上げている。泰然自若、ときおり報道陣のほうを見やる余裕もある。

たしかに平出のように派手ではないが、大平秀雄のように口下手でもなく、実直に仕事をこなす職業軍人という印象を受ける。栗原は、原稿を書いても決して謝礼を受け取らず、強いて送られた場合も必ず国防献金に回していたという。こんなエピソードからも、その人柄がうかがわれる。

栗原は一九四四年三月より報道部長を兼任し、翌年五月に陸軍報道部と海軍報道部が統合されるまでその地位にあった。人事異動が激しかった陸軍報道部に比べ、海軍報道部では派手な平出と地味な栗原のふたりによって太平洋戦争中の実務が担われたわけだ。その分、両者の差異が際立った。

そしてそれは、隠し切れない戦局の悪化を示してもいた。先述した黒田は、ふたりの対極的な人柄を評してこうもいっている。「同時に、それは、緒戦の華やかさと破局寸前の戦局を象徴するかのごとくでもあった」

報道課長の交代は、組織風土にも変化をもたらした。高戸主計中尉の進言が採用され、ついに開戦以来続いていた宴会が中止されたのである。こうして、海軍報道部にたちこめていた浮かれた雰囲気は一掃された。

とはいえ、栗原体制においても、海軍報道部のデタラメな発表は一向に改まらなかった。それどころか、より悪化の度を加えた。一九四三年九月にはイタリアが連合軍に降伏。十月には大学生に対する徴兵猶予が停止され、学徒出陣がはじまった。こうした辛い現実から目を逸らすように、大本営発表はより異常なものへと変化していくことになる。

中南部太平洋の航空戦で架空の戦果を積み上げる

その最たるものが、同年末に繰り返された数多《あまた》の航空戦である。

日本は戦線を整理するため、九月の御前会議で「絶対確保すべき要域」（いわゆる「絶対国防圏」）を決定。米軍の反攻に直面する東部では、小笠原諸島、マリアナ諸島、カロリン諸島、ニューギニア島西部などがその防衛ラインに設定され、マーシャル諸島、ギルバート諸島、ニューブリテン島（ラバウル）などがその防衛ラインを守るための前進基地とされた。

日本の乏しい国力を考えれば、前進基地など放棄して、完全に「絶対国防圏」のなかに後退するべきだったかもしれない。ところが、日本軍にはその決断ができなかった。こうした脆弱な前進基地に、米海軍の強力な機動部隊が襲いかかったのである。

まず、ブーゲンビル島沖航空戦から見てみよう。ニューブリテン島の南西に位置するブーゲンビル島は、ソロモン諸島最大の島であり、四月に山本五十六が墜落死したところでもある。米軍は反攻の前進基地として、同島に航空基地の建設を計画。その露払いとして機動部隊を同海域に派遣した。これに対し、日本海軍はラバウルの基地航空隊を増強し、十一月五日から十二月三日にかけて、六次にわたる攻撃をしかけた。

大本営発表は、全六次のブーゲンビル島沖航空戦で、空母八隻、戦艦四隻を撃沈したと主張した。数字だけ見れば、驚異的な戦果といえる。米海軍は壊滅的な被害を受けたといってよい。

ラジオは久しぶりに「軍艦行進曲」を景気よく鳴り響かせた。ところが実際のところ、米海軍は一隻の空母も戦艦も失っていなかった。またもや、大本営は現地部隊からの報告を鵜呑みにし、戦果を誇張してしまったのだ。

それにしても、いかに日本軍が情報を軽視していたといっても、この戦果の誇張はこれまでに比べてあまりに酷い。大本営のなかにも、さすがに現地からの報告を疑問視する声があった。パイロットの技量は落ちているのに、米海軍の頑丈な戦艦や空母をこんな簡単に沈められるわけがない、と。もっともである。ところがこの正当な意見は、戦果への期待と現状への焦燥から、作戦部によってはねのけられてしまった。そのため、報道部はいわれるがまま発表を行わざるをえなかった。

米軍は、ブーゲンビル島沖航空戦にわざわざ名前をつけていない。被害がほとんどなかったのだから無理もない。米軍からすれば、単に飛来した日本軍の飛行機を薙《な》ぎ払った程度の感覚だったのだろう。ただ、日本軍はその「薙ぎ払い」で百八十機近い飛行機を喪失、致命的な損害を被った。

中部太平洋のギルバート諸島とマーシャル諸島の沖合いで行われた航空戦も、これとまったく同じ展開である。来襲した米機動部隊に対し、日本の基地航空隊が攻撃。大本営発表は、四次にわたるギルバート諸島沖航空戦（十一月二十二日〜二十九日）で空母七隻、そしてマーシャル諸島沖航空戦（十二月五日）で空母一隻を撃沈したと主張した。

もはやいうまでもないが、やはりこの戦果も完全な誇張だった。米空母はやはり一隻も沈んでいなかったのである。

ブーゲンビル島沖、ギルバート諸島沖、マーシャル諸島沖の三航空戦の結果発表された戦果は、合計で空母十六隻、戦艦四隻に及んだ。驚くべきことに、この撃沈数すべてが架空だった。本書では煩雑になるため省略したが、実際はこれに撃破（大破、中破など）の架空戦果や、巡洋艦や駆逐艦など補助艦艇の架空戦果も加わるので、さらに現実との乖離は広がっていく。

これほど多大な被害を受けたはずなのに、米機動部隊の攻撃は止まなかった。大本営の参謀たちも薄々おかしいと思っていたはずだ。だが、戦果を嘉賞する天皇の勅語が出されたため、もはや修正もできなかった。誰も責任を取らず、過大な戦果だけが積み上がっていく。大本営発表は完全に現実味を失っていた。

陸海軍の対抗意識で発表されたタラワ・マキンの「玉砕」

海軍報道部が架空の戦果を弄ぶ傍らで、各地の守備隊は絶望的な戦いを強いられた。

九月中旬には、ニューギニア島のラエとサラモアより陸軍部隊が撤収。また十月初旬には、ソロモン諸島のコロンバンガラ島とベララベラ島より守備隊が撤収した。こうした事実は十月中に大本営よりまたもや「転進」として発表された。止めどない米軍の反攻により、日本軍は従来の戦線を維持できなくなっていた。

ただ、「転進」できるうちはまだよかった。これよりのち、日本軍は撤収作戦をほとんど行えず、各地の守備隊を次々に全滅に追い込んでしまう。

十一月下旬、ギルバート諸島のタラワ環礁とマキン環礁を守備する海軍部隊が、上陸してきた米軍と激戦の末に全滅した。守備隊がいかに頑強に戦っても、孤立無援の状態では多勢に無勢だった。

約一ヶ月後の十二月二十日、大本営よりタラワ・マキンの守備隊の「玉砕」が発表された。三千の寡兵で五万以上の大軍と戦ったというあまりに滅茶苦茶な内容だった。

【大本営発表】（十二月二十日十五時十五分）

「タラワ」島及「マキン」島守備の帝国海軍陸戦隊は、十一月二十一日以来三千の寡兵を以て五万余の敵上陸軍を邀撃《ようげき》。熾烈執拗なる敵機の銃爆撃及艦砲射撃に抗し、連日奮戦、我に数倍する大損害を与へつつ、敵の有力なる機動部隊を誘引して友軍の海空作戦に至大の寄与をなし、十一月二十五日最後の突撃を敢行、全員玉砕せり（以下略）

「玉砕」の発表は、五月のアッツ島に続いてこれで二例目である。

高松宮宣仁親王の日記には、この大本営発表について驚くべき記述が残されている。いわく、「山崎部隊長の『アッツ』の玉砕に対抗して海軍のを書くと云ふ報導〔ママ〕部の気持ちは余りに軽薄なり」（十二月二十日）と。

つまりこういうことだ。陸軍報道部は、アッツ島守備隊の全滅を「玉砕」と書いた。ならば海軍報道部は、タラワ・マキン守備隊の全滅を「玉砕」と書こうではないか。これでお相子だ――。いいかえれば、陸海軍の対抗意識によって「玉砕」という言葉が使われたというのである。高松宮の指摘が事実なら、海軍報道部の意識はあまりに浅ましい。

その一方で、相次ぐ「玉砕」の発表は、国民の心理に暗い影を落とした。憲兵司令部の「十二月中ニ於ケル流言蜚語」には、次のような国民の声が記されている。

「最近戦況が余り良くないからアッツ、マキン、タラワの様に遅くなつてから玉砕を何時発表されるか判らない」。またどこかで守備隊「玉砕」の発表があるのではないか。国民はこう恐れるようになったのである。戦況の悪化はもはや自明のことだった。

さきの高松宮の日記にはこうもある。「『玉砕』はもう沢山。さうした重圧をやいの〳〵と云はれることは国民の緊張した感情に、も早や耐へられぬと云ふ程度と推察せらる」

玉砕という言葉はあまりに重々しい。こんな言葉が何度も使われてはたまらない。こうした国民の感情もあってか、タラワ・マキン以降、大本営発表で「玉砕」という言葉は使われなくなった。

たしかに、このあとも守備隊の全滅は続く。ただ、その場合は「全員戦死」という即物的な表現が使われるようになった。「玉砕」は大本営発表の表現としては有名だが、使われた期間は一年にも満たなかった。戦局の悪化はあまりに急速で、美辞麗句で誤魔化せる時期はあっという間に過ぎ去ったのだった。

開戦二周年の総合戦果

一九四三年十二月八日。開戦二周年にあたり、開戦以来の総合戦果が発表された。まずは海軍の戦果である。最初に実際の数字を確認しておこう。これまでどおり、主力艦の数値のみをあげる。

米英海軍の喪失　戦艦四隻　空母六隻
日本海軍の喪失　戦艦三隻　空母七隻

米英海軍は、十一月、ギルバート諸島沖において護衛空母（低速で小型の補助的な空母）

「リスカム・ベイ」を失った。原因は、日本海軍の潜水艦の雷撃だった。同年中の主力艦喪失は以上のみ。戦艦四隻は、真珠湾攻撃とマレー沖海戦による喪失であり、空母の残り五隻は、いずれも前年の諸海戦による喪失である。

一方、日本海軍は、一九四三年六月に戦艦「陸奥」を、十二月に特設空母「冲鷹」を失った。残りの戦艦二隻および空母六隻は、いずれも前年の諸海戦による喪失である。特に、ミッドウェー海戦で空母四隻を失ったことが大きく響いていることがわかる。

この結果、両海軍の主力艦の喪失数はほぼ並んだ。

これに対し、当時の日本はどのような戦果を発表していたのだろうか。政府の広報紙『週報』や新聞紙面には、次のような驚くべき数値が掲げられている。

米英海軍の喪失　戦艦十八隻　空母二十六隻（水上機母艦一隻分を除く）
日本海軍の喪失　戦艦一隻　空母二隻（水上機母艦一隻分を除く）

特に、戦果の水増しが酷い。戦艦は四・五倍、空母は約四・三倍にまで膨れ上がっている。なるほど一九四一年の時点から水増しはあった。ただ、激増するのは、戦局が悪化した一九四二年後半以降である。特に、一九四三年は護衛空母を一隻沈めただけだったにもかかわらず、二十三隻（戦艦七隻、空母十六隻）もの架空の戦果が計上されている。

一方、損害の隠蔽により、戦艦の喪失は三分の一に、空母の喪失は七分の二に圧縮された。巡洋艦以下の小型艦艇をとりあえず横に置けば、日本海軍は主力艦たった三隻の喪失で、米英の主力艦四十四隻を葬り去ったことになってしまう。

米英は世界第一と第二の海軍国である。日本海軍がいかに優秀だからといって、ここまで差が開くことなどありえない。海軍報道部の栗原課長は、十二月八日に早稲田大学講堂で行った講演「青年に訴ふ」のなかで「米軍が損害を無視して強引な作戦を行った結果だ」と強弁したが、その説明に無理があることは彼自身が一番よくわかっていたに違いない。

にもかかわらず、大本営がこうした発表を続けたのは、一九四二年の後半以降、架空の戦果計上が慢性化したためだろう。希望的な観測にもとづき、パイロットの不正確な報告を鵜呑みにする。ひとたびこの間違いを犯した以上、もはや引っ込みがつかない。前例を踏襲して、次次に架空の戦果を積み上げていく。これはおかしいと思っても、もはや疑問を呈することは難しい。こうした悪循環こそ、非現実的な戦果を生み出したのである。

ちなみに、そもそも米空母がそんなに存在したのかと疑問に思うかもしれない。

なるほど開戦前まで太平洋に配備されていた米空母の数は、たった六隻にすぎなかった。ところが、米国は開戦後に持ち前の工業力を発揮。戦争終結までに、正規空母の「エセックス」

級だけで十七隻を、護衛空母の「カサブランカ」級だけで五十隻を、軽々と竣工させてしまった。

したがって、米空母が雲霞のごとく日本海軍に襲いかかってきたのは事実である。これに対し、日本が新たに建造しえた空母は、商船からの改造などを含めても十五隻にとどまった。身も蓋もない話ではあるが、そもそも米国相手に戦争をはじめたこと自体が狂気の沙汰だった。

次に、同じ日に大本営から発表された「人的損害」の概要も確認しておきたい。要するにこれは、太平洋戦争開戦より両陣営が「どれだけ殺傷し、殺傷されたか」という生々しい比較である。

米軍二十七万七千名　英軍十二万二千名
帝国陸海軍の米英軍に依る戦死傷　約十五万九千名

この数字も大幅に誇張、隠蔽されたものだが、それよりも注目すべきなのは「人的損害」という表現である。これまでも「遺棄死体」の数を公表することはあったが、ここまで血なまぐさい表現が使われたことはなかった。

従来のように華々しい戦果をあげられなくなったため、大本営はこうした出血戦術を強調せざるをえなくなったのだろう。島や陣地は失ったが、その過程で「米英軍を大量に殺傷した」というわけだ。それはまた、「最後まで徹底的に戦い、ひとりでも多くの敵兵を殺せ」という、各地の守備隊や銃後の国民に対するメッセージでもあった。

急速な戦局の悪化は、大本営発表の内容までかくも血なまぐさいものへと変えてしまったのである。

戦局の悪化で性格を変えた大本営発表

以上、一九四三年二月から十二月まで十一ヶ月にわたる大本営発表を見てきた。この間の大本営発表の総数は百六十八回、月平均十五回強である。ミッドウェー海戦後に激減した時期に比べて、明らかに増加に転じたことがわかる。戦局は悪化する一方であるにもかかわらず、だ。

原因はいくつか考えられる。

第一に、米軍の本格的な反攻がはじまり、各地で戦闘が繰り広げられたこと。

第二に、敗退を糊塗する言葉が発明されたこと。撤退や全滅の発表は、そのままでは国民の士気低下や大本営の責任追及につながりかねない。しかし、「転進」といえば予定どおりの作戦だと強弁できるし、「玉砕」といえばかえって士気の高揚に活用できる。この結果、米軍反攻の情報が出しやすくなった。

第三に、発表方針が変更されたこと。陸軍報道部では、戦局の悪化を受けて、一九四二年後半以降、戦果発表よりも戦局説明を重視するようになった（恒石重嗣の証言）。実際の発表文を読む限り、一九四三年以降にこの傾向が見られる。戦果はなくても戦局の推移は逐次発表されるため、全体として発表の回数が増加した。

いずれにせよ、戦局の悪化が大本営発表の性格を否応なく変えたといえる。

この傾向は一九四四年以降も続いた。米軍の反攻が日本本土に迫るなか、大本営発表はさらに現実離れしたものへと変化していく。

第五章　片言隻句で言い争う陸海軍

（一九四四年一月〜一九四四年十月）

トラック空襲の損害は「甚大」から「若干」に

一九四四年は、ラバウル上空の熾烈な航空戦で幕を開けた。

一月の大本営発表は、まるで壊れたラジオのように、「ラバウルに来襲せる敵機〇機を邀撃し其の〇機を撃墜せり」との文言を繰り返した。「銀翼つらねて南の前線」ではじまる有名な軍歌「ラバウル海軍航空隊」がラジオで放送されたのも、ちょうどこのころである。

ところが二月十七日、ラバウルから北に約千三百キロ（東京から択捉島までの距離に相当）のカロリン諸島トラック環礁に、突如として米海軍の機動部隊が来襲した。トラック環礁は日本海軍の一大拠点であり、「絶対国防圏」の一角を占めていた。ところが、二日間にわたる猛攻撃を受け、地上設備は完全に壊滅。貴重な燃料、食糧、弾薬が灰燼に帰したほか、停泊中の艦艇や輸送船も大きな被害を受けてしまった。これにより、トラック基地は一瞬で無力化され、連合艦隊主力は約千九百キロ（東京から南京までの距離に相当）西方のパラオ諸島に退避せざるをえなくなった。

海軍首脳部はこの呆気ない惨敗に驚駭した。「トラックにわが連合艦隊あり」は、劣勢の日本海軍にとって最後の拠り所だった。それがいまやまったく空文になったのである。

海軍報道部は大本営発表の原案で、地上施設の損害を正直に「甚大」と表現した。だが、それがそのままとおるはずもなかった。いつものように横槍が入り、「甚大」は「相当」に、そして最終的に「若干」に書き換えられた。また、輸送船や飛行機の損害も、半分になるまで修正された。「発表文は例の如く真赤に消されて原形を留めなかった」(富永謙吾の証言)。

こうしてできあがった文書は、二十一日に次のように発表された。

富永謙吾中佐。往時の海軍報道部を知る貴重な証言者。写真は少佐時代のもの。

【大本営発表】(二月二十一日十六時)

トラック諸島に来襲せる敵機動部隊は、同方面帝国陸海軍部隊の奮戦に依り之を撃退せり。

本戦闘に於て敵巡洋艦二隻(内一隻戦艦なるやも知れず)撃沈、航空母艦一隻及軍艦(艦種未詳)一隻撃破、飛行機五四機以上を撃墜せしも、我方も亦巡洋艦二隻、駆逐艦三隻、輸送船一三隻、飛行機一二〇機を失ひたる他、地上施設に若干の損害あり

これではまるで撃退に成功したかの

ようである。

ただ、日々の大本営発表を注意深く読めば、日本軍の敗退は明らかだった。というのも、これを境にラバウル航空隊の戦果発表がプッツリと途絶えてしまうからだ。

トラックの基地が無力化された以上、より南方のラバウルの基地を維持する必要性は乏しい。そこで、日本海軍は航空隊をラバウルから撤収させた。あれだけ激しかった航空戦の報道は、こうして突然立ち消えになった。勘のいい国民ならば、この因果関係に気づいていたのではないだろうか。

一方、真相を把握した陸軍省や参謀本部では、海軍に対する罵詈讒謗《ばりざんぼう》が飛び交った。「あれほどいってやっていたのに、今になって何たるざまだ」「それ見たことか」「海軍たのむにたらず」。深刻な戦況を前に、陸海軍は一致団結するのではなく、むしろ対立をより深めたのである。

さらにいえば、海軍内部でも軍令部と連合艦隊の対立があり、陸軍内部でも東条英機首相（陸相に加えて、二月二十一日には参謀総長も兼任）の強権的な指導に対する不満が燻《くすぶ》っていた。陸海軍は四分五裂の状態だった。一九四四年の大本営発表は、こうした対立によって彩られることになる。

竹槍事件と陸海軍の駒と化した新聞

陸海軍の対立は、さっそく新聞との関係で表面化した。

南太平洋で航空戦力を消耗した海軍は、飛行機資材の優先的な配分を要求した。前線から連合艦隊司令長官の古賀峯一大将まで駆けつけ、「これでは米機動部隊を止められない」と窮状を訴えた。ところが、結局従来どおり陸海軍で均等に二分することで政治的に妥結してしまった。

海軍報道部の栗原悦蔵課長は、記者室にやってきて「飛行機がないので海軍は戦争ができない。しかし、海軍は政治力を持っていないため、どうすることもできない」と悲痛な声で訴えた。陸軍次官の富永恭次中将を兄に持つ富永謙吾中佐さえ、「もはや兄弟ではない」と言い放つ始末だった。

そこで、黒潮会の会員で毎日新聞記者の新名丈夫が筆を執った。二月二十三日付の朝刊一面で「敵が飛行機で攻めに来るのに、竹槍をもつては戦ひ得ない」「帝国の存亡を決するものは、わが海洋航空兵力の飛躍増強に対するわが戦力の結集如何にかゝつて存する」などと訴えたのである。新名は海軍に命令されたわけではないといっているが、これが海軍の願望を背景に受けた記事であったのは間違いない。

実際、海軍報道部員たちはこの記事を大いに喜んだ。田代格中佐など同日昼前の記者会見で

毎日新聞

秋正に危急總力を絞り
果斷・必勝の途拓かん
轉機に處す新方途考へあり

皇國存亡の岐路に立つ
首相・閣議で一大勇猛心強調

閣議 今後宮中で開催
澤本海軍次官常時陪席

今ぞ深思の時である

勝利か滅亡か

戰局は茲まで來た

竹槍では間に合はぬ
飛行機だ、海洋航空機だ

日本人を奴隷に

三月一日より
毎日新聞 戰時版 發刊
工場、農村の増産戰士へ
毎日新聞社

國債 債券

竹槍事件を引き起こした「毎日新聞」1944年2月23日付朝刊。中段以下が新名丈夫による記事。

宣伝報道のエキスパート、松村秀逸大佐。二度にわたって大本営の報道部長を務めたのは、陸海軍を通じて彼のみである。写真は中佐時代のもの。

「本日の毎日新聞は、全海軍の言わんとするところを述べています。部内の絶賛を博しております」とわざわざ述べたほどだった。ここまでならば、従来どおりの報道部と新聞の癒着関係といえたかもしれない。

ところが、この紙面を読んだ東条首相が激怒した。どうやら東条は、見出しの「竹槍では間に合はぬ　飛行機だ、海洋航空機だ」を陸軍に対する批判と捉えたらしい。同じ日の朝に開かれた陸軍首脳会議の部屋に入ってくるなり、陸軍報道部長の松村秀逸大佐を睨みつけ、「今朝の毎日新聞を読んだか！」と怒鳴り、断固たる処分を命じた。松村は青くなって「もちろん処分いたす所存でございます」と応えるのがやっとだった。

ちなみに、松村は前年十月に、谷萩那華雄に代わって報道部長に補職された。一九三九年十二月から一九四〇年十二月にかけても報道部長を務めており、二度目の登板である。歴史上、二度にわたって報道部長に補職された軍人は、陸海軍を通じて松村しかいない。情報局の勤務経験もあり、宣伝報道業務のエキスパートだった。

さて、そんな松村も東条にこういわれては強く出ざるをえなかった。その日のうちに毎日新聞の吉岡文六編集局長を市ヶ谷に呼び出し、責任者の出頭を要求。翌朝、新名の上司である高田元三郎編集総長がやってくると、ブルブル震えながら（と高田は証言している）「毎日新聞はなんだ」「反戦思想をやっているのか」「この新聞はなんだ」「責任者を処分しろ！」と咆哮した。そして最後にこう捨て台詞を吐いたという。「毎日はかつては陸軍の毎日であったが、このごろは海軍の毎日になった」

これに対し、毎日新聞は編集総長の高田を解任し、東京本社の編集局長と次長を待命休職としたものの、当の新名にはなんらの処分も行わなかった。それどころか編集局長から新名に特賞が与えられた。

これに怒りが収まらない陸軍側は、三十七歳の新名に対して召集令状を発し、一兵卒として激戦地に送り込もうと画策した。いわゆる「懲罰召集」である。本来であれば、新名の年齢で徴兵されるなど考えられなかった。そこで陸軍は辻褄を合わせるために、新名と本籍地（高松市）が同じで年齢も近い者約二百五十名にも召集令状を発した。

最終的に海軍が介入したこともあって、新名は召集を解除され、海軍報道班員となってフィリピンに渡り生き延びた。ただ、一緒に召集された老兵たちは召集を解除されず全員硫黄島に送られて、その多くが戦死してしまった。これほど酷いとばっちりはない。

この一連の騒動は、問題となった新聞記事の見出しから「竹槍事件」と呼ばれる。

毎日新聞の関係者は、戦後になって口をきわめて陸軍の横暴ぶりを批判している。それはそのとおりだが、これまで散々大本営報道部に協力しておいて、ここで報道の自由を振りかざすのはいささか虫がよいのではないか。ジャーナリズム精神を発揮するなら、もっと早くにやっておくべきであった。

「竹槍事件」の本質は、報道への弾圧というよりも、陸海軍の対立だった。新聞は独立した第三者の立場を取れず、単なる「駒」としてその代理戦争に巻き込まれたのである。新名の著書『政治』によれば、事件当時、海軍部内ではこんなやり取りがあったという。

「結局は、新名は陸軍の手で殺されるに違いない。どうせ殺されるくらいなら自殺したほうがましだ。それも単なる自殺では犬死になる。戦争の破局、陸海軍の相剋を痛憤して死ぬのだと、場所も海軍省内で、白昼、割腹自刃すれば、事態を国民にばくろして世論に訴えることができよう」

「新聞記者に腹を切らせてなんになるか。死ぬならペンを持って戦場にたおれるほうが華々しい。報道班員として前線に送るべきである。いずれパラオへもアメリカ軍は来襲するであろう。そこで死んでもらおう」

別の著書によれば、「パラオ行き」は栗原が涙ながらに主張したともいう。陸軍も海軍も新聞に対する意識に大差はなかった。彼らにとって、もはや新聞は報道部の単なる下請け機関にすぎなかった。

クェゼリン、ルオット島守備隊の全員戦死

トラック空襲の発表から四日後の二月二十五日。日本軍の劣勢を証明するように、またしても守備隊の全滅が発表された。今回は、マーシャル諸島のクェゼリン島とルオット島を守備する部隊が、二月上旬にわずか一週間足らずの戦闘で敗北したというのである。

日本軍は、米軍の反攻作戦を読み切れず、太平洋の島嶼に薄く広く守備隊を配置せざるをえなかった。これに対し、米軍は強力な機動部隊を使って、どこにでも兵力と火力を臨機応変に集中できた。これでは、どうあがいても日本軍の守備隊に勝ち目はなかった。

【大本営発表】（二月二十五日十六時）

「クエゼリン」島並に「ルオット」島を守備せし約四千五百名の帝国陸海軍部隊は、一月三十日以降来襲せる敵大機動部隊の熾烈なる砲爆撃下、之と激戦を交へ二月一日敵約二ヶ師団の上陸を見るや之を邀撃し勇戦奮闘、敵に多大の損害を与へたる後、二月六日最後の突撃を敢行、全員壮烈なる戦死を遂げたり（以下略）

大本営発表では、守備隊の全滅はこれ以降「玉砕」ではなく「全員戦死」と即物的に表現されるようになった。

もっとも、国民の間では引き続き「玉砕」という言葉が盛んに使われた。特高警察や憲兵隊の内部資料にも、「どこどこの守備隊が玉砕したらしい」などといううわさ話が多数記録されている。「玉砕」という言葉はかなり印象が強かったようだ。それゆえ、一般にはこの言葉の切り替えは、ほとんど影響がなかった。

一方、翌三月には、ニューギニア戦線に関する大本営発表においてついに「撤退」という言葉が使われた。それ以前にもキスカ島に関する発表で「撤収」という言葉が使われたことはあった。だが、散々「転進」という言葉にこだわってきたニューギニア戦線で、これは大きな変化だった。もはやニューギニア戦線の後退は誰の目にも明らかだったため、さすがに現実に即した表現が使われたのだろう。

前年一月に「転進」したブナ附近からマダンまで、その直線距離は五百キロ近くに達する。東京から岡山市手前までに相当するが、ニューギニアでは山あり谷ありの熱帯雨林をかき分けて進まなければならない。実際の距離はその何倍にもなったに違いない。そこをろくに食糧もないまま徒歩で越えるのである。悲惨な逃避行以外の何ものでもなかった。

【大本営発表】（三月十一日十六時三十分）
一、「ニューギニア」島における其後の戦況次の如し（中略）
ロ、「グンビ」岬附近及「マダン」南方地区の我部隊は、優勢なる敵の出撃を撃砕し撤退部隊の収容の任を完《まつ》たうすると共に敵に大なる損害を与へつつあり（以下略）

「全員戦死」に「撤退」。あれだけ大本営が忌避していた言葉が、大本営発表で相次いで使用された。戦局の急激な悪化は、こうした言葉づかいにも暗い影を落としたのである。

古賀峯一殉職と国民の疑念

二月のトラック島空襲により、連合艦隊主力はパラオ諸島に移転した。ところが三月末、移転先のパラオ諸島にも米海軍の機動部隊が来襲した。日本海軍はこれを払いのけることができず、地上施設や在泊の艦船にまたしても多大な被害を受けてしまった。

もはや日本海軍は、米機動部隊に弄ばれるくらいに弱体化していた。そのため、連合艦隊主力はさらに約千キロ（東京から釜山までの距離に相当）西のフィリピン・ミンダナオ島のダバオにまで後退を余儀なくされた。

パラオ空襲をめぐっても、損害をどの程度まで発表するのかで一悶着があった。実際の損害は明らかに「甚大」。だが、発表文ではまたもや「若干」に引き下げられ、しかもそこに、米海軍の戦艦二隻、空母一隻などに損害を与えたというおまけがついた。いうまでもなく、これはまったく架空の戦果だった。

遅れて四月四日に行われた大本営発表は次のとおりである。

【大本営発表】（四月四日十五時）

一、三月二十九日有力なる敵機動部隊「カロリン」諸島南方海面に出現、同方面の我が航空部隊は之を捕捉、三月二十九日夜より四月一日に亘り反覆攻撃を加へ巡洋艦二隻を撃沈、戦艦二隻、航空母艦一隻、大型艦一隻其の他を大破若は炎上せしめたるも、敵亦三月三十日より四月一日に亘り、「パラオ」諸島「ヤップ」島並に「メレヨン」島を空襲せり。所在我が部隊は之を邀撃し其の約八十機以上を撃墜せるも我方若干の損

害あり（以下略）

ただ、この戦闘と発表の裏で、海軍はより深刻な事態に直面していた。なんと連合艦隊司令長官の古賀峯一が殉職していたのである。

三月三十一日、古賀ら一行は、二機の飛行機に分乗してパラオからダバオへと出発した。ところが途中で悪天候に遭い、古賀らを乗せた一番機が行方不明になってしまった。おそらくどこかに墜落したのだろう。古賀は四月一日付で殉職とされた。日本海軍は、前年四月の山本五十六の戦死に続き、二年連続で現職の連合艦隊司令長官を失うことになった。

なお、連合艦隊参謀長の福留繁中将らを乗せた二番機もまた遭難し、セブ島沖に不時着。福留らは生還するものの、その過程で作戦計画書や暗号表などを現地のゲリラに奪われた。だが海軍はこの事態を軽視し、作戦や暗号の変更を行わなかった。日本海軍の情報に対する感度の鈍さを改めて感じさせるエピソードである。

それはともかく、五月に入ってようやく古賀の殉職はつぎのように発表された。

【大本営発表】（五月五日十五時）

一、連合艦隊司令長官古賀峯一大将は本年三月前線に於て飛行機に搭乗全般作戦指導中殉

職せり（以下略）

　山本の死亡が「戦死」とされたのに対し、古賀のそれは「殉職」と表現された。古賀の場合行方不明だったためだが、その理由は一般には公開されなかった。そのため、国民の間で様々な憶測がささやかれた。

「古賀連合艦隊司令長官は、敵の反攻熾烈に対する責任又は作戦に対する責任から切腹（拳銃自殺）せられた為戦死でなく殉職と発表せられたのだ」。憲兵司令部の報告書によれば、岩手県、福島県、東京都、横須賀市、甲府市、名古屋市、愛知県、岐阜県、京都市、福知山市、和歌山県、呉市でこうしたうわさがささやかれたという。

　情報を制限された国民は、大本営発表を鵜呑みにするのではなく、その文体や表現などから本当の戦局をなんとか探ろうとしたのである。もはや大本営発表の内容を無邪気に信じる国民は少なくなっていた。

尻すぼみに終わったインパール作戦

　一九四四年前半、海軍は神出鬼没の米機動部隊に翻弄され、やることなすことすべてがうまくいかない状態に陥っていた。これに対し、まだ余裕があった陸軍は、攻勢に出て戦局の挽回を試みた。ビルマにおけるインパール作戦と、中国大陸における一号作戦の開始がそれである。

まず、インパール作戦から見ていこう。

日本軍は、一九四二年五月に英領ビルマを占領。それ以降、インドに退却した英軍と国境で対峙していた。ただ、一九四三年になると英軍は戦力を徐々に充実させ、反攻の機会をうかがうようになった。これに危機感を覚えた現地の第十五軍は、英軍の前線拠点であるインパールの攻略を主張し、大本営に受け入れられた。こうして一九四四年三月にはじまったのがインパール作戦である。

インパール作戦には、インドの独立運動家チャンドラ・ボースが率いるインド国民軍も参加した。「インドを英国の植民地から解放する」という大義名分を掲げ、あわよくば反英独立運動をインド中に引き起こして、英軍の反攻を妨害しようという目論見であった。

さて作戦が開始されるや、第十五軍はきわめて順調に進撃し、三月中旬にはインド国境を突破した。東条首相はこの報告をいたく喜び、ただちに松村秀逸報道部長の自宅に電話。「国境突破は重大ニュースだ、現地にまかしておいてはいけない、すぐ大本営で発表しろ」と直接指示した。あまりに唐突だったので、松村ははじめいたずら電話ではないかといぶかしんだという。

東条としては、厳しい戦局のなかで舞い込んだ快報をできるだけ早く国民に広めたいと思ったのかもしれない。こうして東条の肝いりで行われたのが次の大本営発表である。なお読売新聞記者の藤本弘道によれば、この発表は急ぎのあまり松村の自宅で行われ、各新聞社には電話で通知されたらしい。

【大本営発表】（三月二十三日二十一時）

一、中部印緬（引用者註、インド・ビルマ）国境附近に作戦中の我軍は、「トンザン」周辺地区に於て英印第十七師団に対する殲滅戦を続行すると共に印度国民軍を支援し、三月中旬国境を突破し印度国内に進入せり（以下略）

第十五軍はその後も快調に攻め進み、四月上旬にコヒマを占領。インパールを包囲する構えを見せた。ところが、そこで息が切れた。豊富な戦力で守りを固める英軍に対し、日本軍は無理な進撃と物資の欠乏がたたって日増しに戦闘力を喪失。餓死者が多発するに及んで、ついに後退せざるをえなくなった。そのため、インパール作戦の報道は四月ですっかり途絶えた。

インパール作戦の中止は、遅れて七月に正式決定された。第十五軍の死傷者は実に七万二千名。その退却ルートは累々たる屍から「白骨街道」と呼ばれた。この惨敗でビルマ方面の日本軍は大いに消耗し、かえって英軍のビルマ反攻作戦を利することになった。

八月十二日、国民が忘れたころになって、インパール作戦の結果が発表された。それもビルマ全般の戦況のなかに紛れ込ませるような形だった。大本営は、悲惨な撤退を「(戦線の)整理」と表現した。

【大本営発表】(八月十二日十五時三十分)
緬甸《ビルマ》方面目下の戦況次の如し(中略)
二、中部印緬国境方面
コヒマ及インパール平地周辺に於て作戦中なりし我部隊は八月上旬印緬国境線附近に戦線を整理し次期作戦準備中なり(以下略)

こうしてインパール作戦は、報道の面でも尻すぼみで終わった。

一号作戦で再び脚光を浴びた中国戦線

続いて、一号作戦を見てみよう。
一号作戦は、中国大陸を南北に縦断して、華北からインドシナまでの鉄道ルートを確保するという気宇壮大な作戦である。別名、大陸打通作戦とも呼ばれる。同年四月から十二月までにかけて、五、六十万の兵力を投入して行われた。日本軍にとって、太平洋戦争中最大の陸上作戦だった。

太平洋戦線が悪化しているのに、なぜ大陸でこんな大規模な作戦を行うのか。そう疑問に思うかもしれない。だが、戦局が悪化しているからこそ、一号作戦は行われなければならなかった。なぜなら、制海権を急速に失いつつあった当時の日本にとって、南方の資源地帯との連絡手段はもはや陸路しかなかったからだ。また、本作戦には、その途中で連合軍の飛行場を破壊し、日本本土への空襲を未然に防ぐという目論見もあった。

支那派遣軍は四月に一号作戦を開始。中国国民党が終戦後に備えて兵力を温存したため、各部隊は破竹の勢いで中国大陸を攻め進んだ。四月に鄭州、五月に許昌、洛陽、六月に長沙、八月に衡陽、九月に温州、梧州、十月に福州、十一月に柳州、桂林、南寧などが日本軍の手中に帰した。

この結果、五月以降の大本営発表は久しぶりに中国戦線の話題で埋め尽くされた。九月に至っては、約七割が中国戦線の発表という有様だった。太平洋戦争の開戦以来、中国戦線の戦果はもっぱら支那派遣軍報道部より発表されていたため、これは異例のことである。

太平洋戦線は明らかに旗色が悪かったので、中国戦線の快勝でそれを補おうとしたのかもしれない。なるほど、この時期の大本営発表を読み進めると、「日本陸軍ここにあり」の感を強くする。

十二月までに支那派遣軍が踏破した距離は、実に二千キロ。青森市から那覇市までの直線距離に匹敵する。この間に六十万もの中国軍が撃破された。そして同月十二日、次のように大陸打通の成功が発表された。久しぶりの、嘘偽りない大本営発表だった。

【大本営発表】（十二月十二日十四時）
南寧及仏印方面より夫々《それぞれ》進撃中なりし我部隊は、十二月十日南寧西南約七十粁綏渉《すいろく》に於て連絡を完了せり。茲に大陸縦断路の打通成り、大陸方面に於る有利なる我戦略態勢は更に強化確立せらるるに至れり

ただし、一号作戦の成果は必ずしも期待どおりではなかった。

日本軍は都市と鉄道という「点と線」を占領したにすぎず、農村では中国共産党のゲリラが活動したままだった。そのため、長大な鉄道はたびたびゲリラの襲撃に悩まされ、大きな輸送効果をあげることができなかった。

飛行場の破壊についても成果は不十分だった。より内陸部の飛行場が残ったため、日本本土は相変わらず米軍機の空襲に怯えなければならなかった。しかも、一号作戦の期間中にマリア

ナ諸島が陥落。そこから飛び立った米軍機が日本本土に襲いかかることになった。
すなわち、表面上の華々しい勝利の報道とは裏腹に、一号作戦は大した戦略的価値を日本にもたらさなかったのである。

すぐに発表された本土空襲のはじまり

米軍の爆撃機が中国の飛行場から飛び立ち、日本本土に爆弾の雨を降らせる。この日本軍の懸念は、さかのぼること六月十六日未明に現実のものとなった。四川省の成都より出撃したB29が北九州に襲来し、八幡製鉄所などを空爆したのである。ドゥーリトル隊の襲来から、実に二年ぶりの本土空襲だった。

市ヶ谷の陸軍省には、午前四時に第一報が入ってきた。ところが、「八幡が全滅、小倉も燃えている」「いや、熔鉱炉一基だけだ」などと情報が錯綜していて、何が真相やらわからない。にもかかわらず、東条首相からは「すぐ発表するように」と指示が舞い込み、侍従武官からも「御上（天皇）の思し召しだ。早く発表するように」と電話がかかってきた。

困った松村秀逸報道部長は、北九州の地図を広げて情報をひとつひとつ整理。そして陸軍省防衛課、参謀本部作戦課、防衛総司令部に報道部員を送り込んで、正確な情報の把握に努めた。その結果、午前八時に次の大本営発表を出すことができた。

【大本営発表】（六月十六日八時）
本十六日二時頃支那方面よりＢ29及Ｂ24二十機内外北九州地方に来襲せり。我制空部隊は
直ちに邀撃し、其の数機を撃墜之を撃退せり
我方の損害は極めて軽微なり

午後二時には、「撃墜七機、撃破三機」などという詳細な戦果も追加発表された。

なお、この爆撃で八幡製鉄所は無傷だった。その周辺で百名以上が亡くなっているものの、大本営の感覚では「損害は極めて軽微」だったのかもしれない。ただ、久しぶりの本土空襲は国民の心理に暗い影を落とした。それを示すように、六月には本土空襲に関する「造言飛語」が数多く飛び交っている。

その一例を次にあげておこう。「北九州の爆撃は大した損害は無いと発表して居るが、九州へ行くと何処へ行つても毎日葬式ばかりださうだ」「九州の被害の（は）『ラジオニュース』よりもつと大きいらしい。此の先の東京空襲を見ても大本営発表よりも遥かに被害が大きかつたさうだ」（憲兵司令部「六月中ニ於ケル造言飛語」）

以上のような、敵国の戦争継続能力を奪い去るため、工場や都市を目標とする爆撃を「戦略

爆撃」という。B29はこの戦略爆撃を専門的に行うため開発された大型爆撃機で、六千キロ以上の航続距離と、最大九トンの爆弾搭載量を誇った。一九四四年前半に実戦配備され、六月に成都に進出。そこを拠点に、北九州や満洲国、日本占領下の中国や東南アジアに対する戦略爆撃を開始した。日本の貧弱な防空体制には、これを有効に防ぐ手立てがなかった。

北九州が狙われたのは、当時日本有数の工業地帯だったこともあるが、成都からでは本州の大都市まで航続距離が足りなかったことが大きい。そのため、サイパン島にB29の新しい基地ができるまでは、主に北九州に対して爆撃が行われた。

これ以降、大本営発表は毎月のように本土空襲の被害を伝えるようになった。いかに「敵機撃墜」を強調したとしても、国民心理が暗くなるのは避けようがなかった。

サイパン島「二回撃退」をめぐって陸海軍が対立

一方この六月、大本営と国民の関心は、もっぱらマリアナ諸島サイパンの戦況に注がれていた。「絶対国防圏」の一角を占めるこの島に米機動部隊が大挙襲来し、その奪取を図ってきたからである。

サイパン島から東京までの距離は約二千三百キロ。もしサイパン島にB29の基地ができれば、東京、大阪、名古屋などの主要都市が空襲に晒されてしまう。日本の戦争継続はきわめて困難になるだろう。それゆえ、守備隊は断固として米軍を排除しなければならなかった。

連日連夜の激しい艦砲射撃を経て、十五日米軍がサイパン島に上陸を開始した。陸軍の守備隊はこれを水際で撃退しようと奮戦し、二度にわたってその上陸を阻止した。少なくとも大本営に対してはそのように報告している。

一見何気ない報告である。ところが、これが東京で大きな火種となった。

発端はまたもや東条首相だった。東条はさきの報告を読んで、「二回撃退したことを大本営発表のなかに入れろ」と松村報道部長に指示した。ところが、サイパン島は海軍の担当エリアであり、大本営発表の主導権も海軍側にあった。そこで問題が発生した。海軍報道部は、二回撃退を無視した原案を陸軍側に通知してきたのである（原案は陸軍側が作り、これに海軍側が反対したという証言もあるが、いずれにせよ同じことである）。

さっそく松村が海軍報道部に出向いてわけを訊ねた。すると、軍令部次長の伊藤整一中将が「子供だましのような、二回撃退などという文句は必要ない」と反対しているとの答えが返ってきた。軍令部次長は海軍軍令部門のナンバーツーであり、報道部や陸軍の松村の力ではどうしようもなかった。

松村は困り果てた。こうなっては東条を説得するしかない。とはいえひとりでは心細いということで、参謀本部情報部長の有末精三中将をともなって総理官邸を訪問。「何も大本営発表に書かなくても、各社は解説で二回撃退と書きますヨ。見出しに二回撃退と書くところもあるかも知れない」などといって東条の妥協を引き出そうとした。新聞など簡単にいいなりにできるというわけだ。

だが、東条は頑として折れなかった。「あれだけ功名手柄をたてたものを、公式の大本営発表にのせないということがあるものか」。ついには憤激し、涙目になって「君たちの戦友は、今サイパンで死闘を続けているのだゾ。いまも斃《たお》れつつあるのだゾ」と叫び出す始末。松村と有末は諦めて辞去するほかなかった。

時刻はすでに十五日の夜更けになっていた。早く記者クラブに発表しなければならない。焦った松村は、今度は参謀次長の後宮《うしろく》淳大将に泣きついた。就寝したばかりの後宮は叩き起こされ、しぶしぶ東条の説得に当たらなければならなかった。

かくて十六日未明に、ようやく発表文の内容が確定した。その妥協案は、陸軍とも海軍ともいわず、主語を除いてただ「二回撃退」と述べるというものだった。発表文を読むと、主語がない明らかに不自然な文章となっていることがわかる。なお、発表時間は異例の午前五時となった。

【大本営発表】（六月十六日五時）

「マリアナ」諸島に来襲せる敵は十五日朝に至り「サイパン」に上陸を企図せしも前後二回之を水際に撃退せり
敵は同日正午頃三度来襲し今尚激戦中なり

サイパン島で激戦が行われているさなか、東京では陸海軍の首脳部が大本営発表の一言一句をめぐって、深夜まで調整に奔走していたわけである。陸海軍の対立は実に末期的なところにまできていた。

マリアナ沖海戦の発表でまた陸海軍が衝突

サイパン島の戦況は日を追って悪化した。

六月十九日、再建された日本海軍の機動部隊がマリアナ諸島海域に到着。米海軍の機動部隊に対して先制攻撃をしかけた。久しぶりの空母同士の戦いである。

ところが、もはや日米の実力差は明白だった。米海軍はレーダーによって日本海軍の動きを察知し、大量の戦闘機を飛ばして待ち構えていた。日本の航空隊は次々に撃墜され、辛うじて米艦隊の上空にたどりついた飛行機も、強力な対空砲火によってほとんどが火だるまにされてしまった。米軍はこれを「マリアナの七面鳥撃ち」と呼んだ。最終的に、日本海軍の損害は四百機近くにのぼった。

その後、米海軍が反撃に転じ、日本の空母「大鳳」「翔鶴」「飛鷹」を葬った。壊滅状態に陥った日本の機動部隊は、二十日マリアナ諸島海域より離脱した。こうして日本海軍が起死回生を図ったマリアナ沖海戦は、日本側の無残な完敗で幕を閉じた。

さて、海軍は例によってこの敗北の隠蔽を図った。空母の損害は一隻に、飛行機の損害は五十機に、それぞれ減らして発表しようとしたのである。これに対し、今度は陸軍が怒り出した。陸軍首脳部の会議で、海軍側の発表原案を見せられた陸軍次官の富永恭次中将は、「また、ミッドウェーの時と同じように、こちらの損害を恐ろしく過少に書いてある」と喝破。「いくらかくして見たところで、かくしおうせ［ママ］るものではない」「なぜ、真実をそのまま発表しようとしないのだろうか」とまくし立て、「陸軍側としては、絶対にこの発表文案には賛成致しかねる」とぶちまけた。

これに対し、同席した東条首相がとりなした。東条はまず「マリアナ沖の海戦は、陸海軍の協力作戦ではない。連合艦隊だけの作戦だ。こちらから、発表はこうしろと（陸軍側が）強く主張するわけにもいくまい」と官僚の論理を展開、次に「海軍はミッドウェー以来の連敗で気の毒だ」と感情論を持ち出し、最後に「まあ、海軍の責任で発表することだから、言う通りにしておいたらどうだ」と落としどころを示した。東条がこういう以上、陸軍側で反対意見を述べる者はいなくなった。

陸軍報道部は一応、「世論の指導上、真相の発表を切望する」と付箋をつけて、海軍報道部に発表文を返したという。ただ、海軍報道部はこの要望をまったく無視して原案どおりに発表を行った。

【大本営発表】（六月二十三日十五時三十分）

我が連合艦隊の一部は、六月十九日「マリアナ」諸島西方海面に於て三群よりなる敵機動部隊を捕捉、先制攻撃を行ひ、爾後戦闘は翌二十日に及び其の間敵航空母艦五隻、戦艦一隻以上を撃沈破、敵機一〇〇機以上を撃墜せるも決定的打撃を与ふるに至らず

我方航空母艦一隻、附属油槽船二隻及び飛行機五〇機を失へり

戦果については、「撃沈」なのか「撃破」なのかわからない「撃沈破」という曖昧な表現が使われた。未帰還の飛行機が多すぎて、戦果を正しく確認できなかったということかもしれない。いずれにせよ、米海軍はマリアナ沖海戦で一隻の空母も戦艦も失わなかった。大本営発表は相変わらずデタラメな内容をばら撒いていたのである。

もっとも、国民はこんな発表を鵜呑みにしなかった。「サイパンに出撃した連合艦隊は全滅

した」「『ラヂオ』を聞いてどうするか。軍報道部の『ニュース』は嘘ばかりだ」（憲兵司令部「七月中ニ於ケル造言飛語」「九月中ニ於ケル造言飛語」）。そんな会話が内地や朝鮮でささやかれた。このころ、サイパン島をめぐるうわさ話が激増しており、いかに大本営発表が信じられていなかったのかがわかる。

サイパン陥落と「官僚の作文」

こうして海軍の作戦が失敗した以上、もはやサイパン島の守備隊の運命は決した。孤立した守備隊は七月七日に最後の突撃を敢行し、組織的な戦闘力を失った。その過程で、在留の民間人約一万人も巻き添えになって亡くなった。

どこから聞きつけたのか、それから数日で「サイパン島玉砕」のうわさが全国的に流れはじめた。これに対して大本営の動きは鈍かった。ようやく十八日になって、海軍報道部より次のような発表が行われた。

なお、海軍報道部より発表されたのは、先述したように、サイパン島が海軍の担当地域だったためである。「日本ニュース」第二百十六号には、栗原悦蔵報道部長（同年三月課長より部長に昇格）が発表文を読み上げる映像が残っている。

【大本営発表】（七月十八日十七時）

一、「サイパン」島の我が部隊は七月七日早暁より全力を挙げて最後の攻撃を敢行、所在の敵を蹂躙し其の一部は「タポーチヨ」山附近迄突進し勇戦力闘、敵に多大の損害を与へ十六日迄に全員壮烈なる戦死を遂げたるものと認む（中略）

二、「サイパン」島の在留邦人は終始軍に協力し凡そ戦ひ得るものは敢然戦闘に参加し概ね将兵と運命を共にせるものの如し

栗原の声は力強く、ハキハキとしていて淀みない。まるで勝ち戦の発表のようだ。その分、内容とのギャップが際立って痛々しい。

ところで、サイパン島守備隊のなかには、平櫛孝少佐の姿もあった。かつて陸軍報道部に在籍し、大平秀雄と谷萩那華雄の人柄を比較していた将校である。彼は同年四月に第四十三師団参謀に異動となり、サイパン島に渡航。その後サイパン島の戦いに参加したが、重傷失神中のところ米軍の捕虜になり生き延びた。

平櫛は、大本営発表の美辞麗句とはかけ離れた悲惨な戦場を見て、思うところがあったのだろうか。戦後の著作でこう書いている。

「『必勝の信念』『大御心を奉じ』『一億一心』『八紘一宇』『聖戦完遂』『断乎撃滅』『向うとこ

ろ敵なく』『勝利はあと一歩』……何というむなしい言葉の羅列であろう。官僚の作文だけでは戦争はできない。こういう無内容・無感動の言葉を適当に操作していれば、知らぬまに勝利がころげこんでくる、とでも思ったのであろうか」

「官僚の作文」とは言い得て妙である。大本営発表もまた、事実のレポートではなく、軍官僚にとって都合のいい作文にすぎなかった。そして平櫛はその作成に携わった官僚のひとりだった。

こうして、サイパン島は大勢の犠牲者を出して陥落。ここに「絶対国防圏」の一角が崩れ、日本本土はB29の行動圏内にほとんど収まった。東条首相は責任を取って辞任し、小磯国昭陸軍大将がその後を継いだ。

九月末には、マリアナ諸島のテニアン島とグァム島の守備隊も「全員戦死」したと発表された。ラジオは毎日のように「海ゆかば」を奏でた。日本の敗戦はもはや時間の問題だった。

世紀の大誤報、台湾沖航空戦

マリアナ沖海戦で有力な機動部隊を失った日本海軍は、地上基地から発進する航空部隊の養成に力を注いだ。どうせこちらは待ち受ける側である。だから空母は必要ない。敵が近づいてきたところで、本土や台湾などの基地から一気に攻撃をしかければよいのだ。特に台風襲来時や夜間であれば、敵も迎撃態勢を取りにくいだろう。

こうした作戦構想のもとに、特別な訓練を積んだT攻撃部隊が編成された。同部隊には、陸軍の航空部隊まで編入された。普段反目し合う陸海軍が一体となって米機動部隊を撃退しようとしたのである。

十月、その機会が到来した。フィリピンの奪還作戦を支援する米機動部隊が、その露払いとして沖縄と台湾に対し空襲をしかけてきたのだ。これ幸いとT攻撃部隊が夜間攻撃に出動。十二日から十六日にかけて、台湾沖で大規模な航空戦が繰り広げられた。これが台湾沖航空戦である。

海軍報道部は、十三日より連日戦果を速報。米空母の沈没を逐一伝えた。そして十五日、米機動部隊をついに敗走させたと発表した。ラジオは「軍艦行進曲」を景気よく奏で、国民は久しぶりの大戦果に熱狂した。

追って十九日には、総合戦果も発表された。それは前代未聞の内容だった。空母十一隻、戦艦二隻などを撃沈。そして空母八隻、戦艦二隻などを撃破。無敵を誇った米機動部隊を壊滅させたというのである。

【大本営発表】（十月十九日十八時）

我部隊は十月十二日以降連日連夜台湾及「ルソン」東方海面の敵機動部隊を猛攻し其の過半の兵力を壊滅して之を潰走せしめたり

（一）我方の収めたる戦果綜合次の如し

轟撃沈

航空母艦十一隻　戦艦二隻　巡洋艦三隻　巡洋艦若は駆逐艦一隻

撃破

航空母艦八隻　戦艦二隻　巡洋艦四隻　巡洋艦若は駆逐艦一隻　艦種不詳十三隻

其の他火焔火柱を認めたるもの十二を下らず

撃墜

百十二機（基地に於ける撃墜を含まず）

（二）我方の損害

飛行機未帰還　三百十二機

（註）本戦闘を台湾沖航空戦と呼称す

一九四三年末に六次にわたって行われたブーゲンビル島沖航空戦の発表でも、空母八隻、戦艦四隻の撃沈だった。今回の戦果はそれを遥かに凌駕した。政府首脳から一般国民まで、この戦果に欣喜雀躍した。「台湾沖の凱歌」という軍歌まで作られ、「五十八機動部隊殲滅だ見よや」と歌われた。もしこの戦果が本当ならば、米機動部隊は壊滅したといってもよい。

しかし、現実はそんなに甘くはなかった。ブーゲンビル島沖航空戦の戦果がそうだったように、台湾沖航空戦の戦果もまた、まったく架空のものだったのである。

例によって、米海軍は一隻の空母も戦艦も失っていなかった。それどころか、米海軍は日本軍の夜間攻撃に対しても十分な対策を取っており、日本軍の飛行機をいとも簡単に撃墜していった。台湾沖航空戦の実態は、またしても日本海軍の惨敗だった。

そもそも、このときの米機動部隊の名称は「五十八機動（任務）部隊」ですらなかった。正しくは「三十八機動（任務）部隊」。米海軍では、所属艦隊の違いによって同じ機動部隊の名称を使い分けていた（第三艦隊所属の場合は三十八任務部隊、第五艦隊所属の場合は五十八任務部隊）。日本海軍はその事実さえ突き止められていなかった。日本海軍の発表は何から何まで滅茶苦茶だった。

台湾沖航空戦のデタラメ発表の背景

台湾沖航空戦の戦果誤認については、いくつか重要な証言が残されている。ほかの大本営発表の参考にもなるので、少し触れておきたい。

台湾沖航空戦さなかの一九四四年十月十四日、T攻撃部隊の基地のひとつである鹿児島県鹿屋の海軍飛行場に、ある陸軍将校がたまたま降り立った。フィリピンへ向かう途中の大本営情報参謀、堀栄三少佐である。卓越した情報分析力で、ブーゲンビル島沖航空戦やギルバート諸島沖航空戦の戦果誤認を見抜いていた堀は、今回も慎重に目の前の状況を分析した。

飛行場では、帰還したパイロットが「エンタープライズ轟沈！」などと報告する。すると参謀たちが「やった！　よし、ご苦労」と戦果をそのまま目の前の黒板に書き入れる。そのたびに「わっ」と歓声が起こる。こうして見る見る戦果が増えていく。誰も情報を精査していないことに堀は驚いた。

そこで堀は、さきほどのパイロットを呼び止めて訊ねた。「どうしてこの艦だとわかった」「当時の雲量は」「僚機はどうなった」「戦果確認したパイロットは誰か」……。とたんにパイロットたちの答えはあやふやになったという。戦果はこんなに大きくない。そう直感した堀は、その分析を参謀本部に報告した。

台湾沖航空戦の戦果判定は、杜撰極まりなかったのである。同じころ鹿屋基地で飛行要務士として勤務していた浅見勇一の証言も、このことを裏づけている。浅見はＮＨＫの取材に対し、当時次のような会話があったと語っている。

参謀「ほかにはなにか見なかったか」
搭乗員「遠くでオイルタンカーか、空母が燃えていたかもしれません」
参謀「空母だろう」
搭乗員「そうかもしれません」
参謀「空母が撃沈されていたのだな」
搭乗員「そうかもしれません」

（辻泰明、ＮＨＫ取材班『幻の大戦果・大本営発表の真相』より引用）

パイロットの多くは撃墜され帰還できなかった。そのため、数少ない帰還者の証言に、戦果の判定を頼らざるをえなかった。その帰還者たちも、視界不良と経験の浅さのため、必ずしも正確な報告ができたわけではなかった。そこに、参謀たちによる誘導尋問や希望的観測が加わった。こうした積み重ねによって、台湾沖航空戦が未曽有の架空戦果となってしまったのである。

すでに述べたとおり、日本軍には現地部隊からの報告を下方修正しにくい組織風土があった。そのため、連合艦隊司令部や軍令部も、現地からの報告を鵜呑みにしてしまった。おそらく、これまでの海戦や航空戦でも同じようなことが起こっていたのではないか。

ただ、今回は軍令部も戦果の誤りにすぐ気づいた。なぜなら、米機動部隊はなおも健在で、逃げ出すどころか、フィリピンへ向けて進撃していたからである。大艦隊の移動はすぐに偵察機によって発見され、軍令部に報告された。戦果を信じていた参謀たちは色を失った。

十八日ごろには、おおよそ正しい戦況が把握されたようだ。ところが、海軍はこの事実を隠蔽。十九日には何食わぬ顔で総合戦果を発表した。海軍は国民だけではなく、陸軍にも真実を告げなかった。その結果、後述するように、陸軍はフィリピンで悲惨な戦いを強いられることになる。

台湾沖航空戦の勅語発表をめぐってまた陸海軍衝突

台湾沖航空戦は事実として処理され、二十一日には、天皇から戦果を嘉賞する勅語まで出された。ただ、ここで問題が発生した。またもや大本営発表の文章をめぐって、陸海軍がばかげた揉めごとを起こしたのである。

はじめ起案を担当する陸軍報道部が、海軍報道部に対して次のような原案を通知してきた。なお、勅語の本文は省略してある。

大元帥陛下には本日陸海軍幕僚長を召させられ南方方面陸軍最高指揮官・連合艦隊司令長

官・台湾軍司令官に対し左の　勅語を賜りたり

ただ、事実を羅列しただけの文章に見える。何も揉めるところなどないはずだ。ところが、海軍報道部は次のような訂正案を返してきた。

大元帥陛下には本日海陸軍幕僚長を召させられ連合艦隊司令長官・南方方面陸軍最高指揮官・台湾軍司令官に対し左の　勅語を賜りたり

海軍の言い分はこうだった。

当時の参謀総長は梅津美治郎大将であり、軍令部総長は及川古志郎大将である。同じ大将ではあるが、及川のほうが古参だ。したがって、及川を尊重して「陸海軍幕僚長」ではなく「海陸軍幕僚長」と書くべきである。「陸海軍軍人に賜はりたる勅諭」(軍人勅諭)にも、「同列同級とても停年に新旧あれば新任の者は旧任のものに服従すべきものぞ」とあるではないか。

さらに、今回の台湾沖航空戦は海軍が中心になった作戦だ。それゆえ、陸軍の「南方方面陸軍最高指揮官」ではなく、海軍の「連合艦隊司令長官」を筆頭に書くべきである。

これに対して、陸軍側も反論した。

たしかに及川は梅津よりも古参である。だが、日本軍では「陸海軍」と表記するのが昔からの習わしである。それを敢えてここで変える理由はない。また、序列をいうのであれば、南方方面最高指揮官（南方軍総司令官）の寺内寿一大将は元帥である。これに対して、連合艦隊司令長官の豊田副武大将はそうではない。とすれば、原案どおりに「南方方面陸軍最高指揮官・連合艦隊司令長官」の順番とするのが妥当だ。

――まるで子供の喧嘩である。こんな言い合いを午後二時から七時まで五時間もやっていたというのだから呆れ果てる。印刷の締め切りがある新聞は、これで随分待たされ閉口した。戦後の証言によれば、陸軍が主体となって勅語を発表しようとしたので、海軍側が非常に不愉快に思ったことが不和の原因らしい。

結局、陸軍側の原案がとおることになった。ただ、参謀総長と軍令部総長の間で上下がつかないように、「大本営両幕僚長」という表現が使われた。なかなかの名案であるが、頭を使うところが間違っているとしか思えない。

こうして、最終的に次のような発表文が完成した。

【大本営発表】（十月二十一日十九時）
大元帥陛下には本日大本営両幕僚長を召させられ南方方面陸軍最高指揮官、連合艦隊司令

長官、台湾軍司令官に対し左の　勅語を賜りたり

ちなみに、勅語には「朕が陸海軍部隊は緊密なる協同の下敵艦隊を邀撃」「汝等愈協心戮力以て　朕が信倚《しんい》に副はむことを期せよ」などの言葉が書かれていた。陸海軍の幹部たちは、こうした天皇の言葉さえもそっちのけで、「官僚の作文」に明け暮れていたのだった。

神風特別攻撃隊の出撃

さて、ほとんど無傷だった米軍は、予定どおりフィリピン攻略をめざして西進。十月二十日にレイテ島に上陸を開始した。

これに対し、日本海軍は残存の艦艇をかき集めて決戦を挑んだ。主力艦だけでも、空母四隻と戦艦九隻が投入された。世にいうレイテ沖海戦である。もっとも、制空権がない状態では巨大な軍艦は艦載機のいい的だった。日本海軍の戦艦部隊は、二十五日にレイテ湾へ強行突入を試みるも失敗。空母四隻、戦艦三隻を失うという無残な敗北を喫した。そのなかには、真珠湾攻撃以来の殊勲艦である空母「瑞鶴」や、最新鋭の戦艦「武蔵」も含まれていた。日本の連合艦隊は事実上ここに壊滅した。

片や米海軍は、護衛空母二隻と改造空母一隻などを失っただけだった。

だが、二十七日、海軍報道部は性懲りもなく、またしてもデタラメな戦果を発表した。空母八隻を撃沈、空母七隻および戦艦一隻を撃破したなどというのである。一方、日本側は、空母一隻および戦艦一隻を喪失したとされた。一体、米海軍はどれだけの空母を保有しているというのか。完全に感覚が麻痺しているとしか思えない。

ただ、この海戦のさなか、大本営発表の性格を変えるできごとがあった。

すぐる二十五日。神風特別攻撃隊敷島隊の五機が、フィリピン・レイテ島沖で米海軍の護衛空母群に突入。そして必死の体当たり攻撃により、護衛空母「セント・ロー」を撃沈し、ほかの護衛空母二隻にも被害を与えたのである。その最後は、戦果確認のため同行していたパイロットによって比較的正確に報告された。これまで米海軍の空母に手も足も出なかった日本海軍にとって、これは驚異的な知らせだった。

実は、神風特別攻撃隊の出撃に先立って、軍令部の作戦課では航空機による体当たり攻撃を大々的に宣伝し、戦意高揚に活用しようと計画していた。「神風（特別）攻撃隊」という総称も、「敷島隊」という個別部隊の名称も、実はあらかじめ決まっていたのだ。

そこにみごとな大戦果が飛び込んできたため、予定どおり海軍省より次のような発表が行われた。神風特別攻撃隊の存在がはじめて国民に知らされた瞬間だった。

【海軍省公表】（十月二十八日十五時）
神風特別攻撃隊敷島隊員に関し、連合艦隊司令長官は左の通全軍に布告せり

布告

戦闘◯◯◯飛行隊分隊長　海軍大尉　関行男
戦闘◯◯◯飛行隊附　海軍一等飛行兵曹　中野盤雄
同　同　谷暢夫
同　海軍飛行兵長　永峰肇
戦闘◯◯◯飛行隊附　海軍上等飛行兵　大黒繁男

神風特別攻撃隊敷島隊員として、昭和十九年十月二十五日◯◯時「スルアン」島の◯◯度◯◯浬に於て、中型航空母艦四隻を基幹とする敵艦隊の一群を捕捉するや、必死必中の体当り攻撃を以て、航空母艦一隻撃沈同一隻炎上撃破、巡洋艦一隻轟沈の戦果を収め、悠久の大義に殉ず。忠烈万世に燦たり
仍《よっ》て茲に其の殊勲を認め全軍に布告す（以下略）

「悠久の大義に殉ず」や「忠烈万世に燦たり」は、現在でも神風特別攻撃隊を語るときによく使われるフレーズだ。ただその初出は、軍令部による計画的な戦意高揚キャンペーンの一環に

ほかならなかった。

敷島隊に前後して、朝日隊、山桜隊、菊水隊も米空母群に体当たり攻撃をしかけた。その戦果は、三十一日に大本営より発表された。

【大本営発表】（十月三十一日十六時三十分）

一、神風特別攻撃隊は、十月二十五日以来比島東方海面（「レイテ」湾を含む）の敵機動部隊並に輸送船団に対し、連続必死必中の猛攻を加へつつあり。同隊の収めたる戦果中現在迄に確認せるもの次の如し

撃沈　航空母艦三隻　巡洋艦一隻　輸送船一隻

撃破　航空母艦六隻　戦艦二隻　巡洋艦二隻　輸送船一隻　艦種不詳三隻

二、（省略）

空母三隻撃沈とあるが、実際に撃沈された空母はさきの護衛空母「セント・ロー」一隻のみだった。神風特別攻撃隊の戦果は、これ以降も大幅に水増しされていくことになる。

現在でも、神風特別攻撃隊はほかの戦死者よりも特別な崇敬を集める傾向がある。戦時中はこれの比ではなかった。隊員は「神鷲」などと呼ばれ、不可侵な存在となった。したがって、

その戦果を疑うなど許されないことだった。

破綻していた大本営発表は、特攻隊の犠牲者をいわば「人質」に取ることによって、最後の弥縫策を行った。大本営発表を疑うことは、特攻隊の戦果を疑うこととなのだと。こうして、大本営発表は自らも不可侵なものとなったのである。このあとも異常なまでに過大な戦果が発表されていくが、誰もそれを止めることはできなかった。

無視された「決戦輿論指導方策要綱」

一九四四年一月から十月までの十ヶ月の大本営発表総数は、百四十二回にのぼった。月平均十四・二回である。特に、台湾沖航空戦、レイテ沖海戦、神風特別攻撃隊の出撃があった十月は二十九回に及び、全体の平均値を引き上げた。

ところで、政府は十月六日に「決戦輿論《よろん》指導方策要綱」を閣議決定し、そのなかで「報道宣伝は国民の忠誠心を信頼し事実を率直に知らしむ。殊に戦況（空襲を含む）の発表は率直且迅速に之を為す」との方針を打ち出していた。こんなことをわざわざ閣議決定しなければならないほど、大本営発表のデタラメぶりは公然の秘密だったわけだ。

しかし、この方針は直後の台湾沖航空戦で完全に無視された。陸海軍は国民を信頼せず、それどころかお互いも信頼しなかった。陸海軍は大本営発表の片言隻句をめぐって言い争い、国民の心はますます発表から離れていった。大本営は必死に勝利をアピールしたものの、国民の反応は冷たかった。

ある国民は、緒戦のころと違って現地の写真が掲載されていないとして、「新聞に戦果の電送写真のない所を見ると台湾は相当やられて居る」と指摘。またある国民は、大本営発表の矛盾を目ざとく見つけ、「敵がいまだレイテ島に遊弋《ゆうよく》して居る処を見ると我艦隊は遁走したのだらう」と指摘した（憲兵司令部「十月中に於ケル造言飛語」）。

陸海軍が内輪揉めに興じる一方で、国民は白け切っていたのである。大本営発表はこのときすでに「あてにならない当局の発表」そのものだった。こうした雰囲気を受けてか、ラジオも、米軍のレイテ島上陸以降、大本営の要請があるときのみ「陸軍分列行進曲」「軍艦行進曲」「敵は幾万」の軍歌を流すようになった。大本営発表はほとんど死に体だった。

第六章　埋め尽くす「特攻」「敵機来襲」
（一九四四年十一月〜一九四五年八月）

最後に急増した大本営発表

晩期の大本営発表は、悲惨の一言に尽きる。

前線では、神風特別攻撃隊、神潮特別攻撃隊（人間魚雷「回天」部隊）、陸軍の特別攻撃隊などが次々に出撃。ついには、地上部隊の肉弾斬込み攻撃まで報道された。その一方、銃後では、B29や艦載機が連日のように来襲。制空部隊が体当たり攻撃で撃墜したなどと報道された。このころの大本営発表は、まさに特攻と本土空襲で埋め尽くされた。

いくら勇ましい言葉で脚色しても、これでは戦意高揚にはなるはずもなかった。戦後に行われた米国戦略爆撃調査団の聴き取り調査によると、日本人の戦意は一九四四年末ごろより急激に低下している。もはや勝利の確信は揺らいでいたのである。

とはいえ、フィリピンの戦い、硫黄島の戦い、そして沖縄戦など、まだまだ熾烈な戦いは続いた。大本営報道部は最後の徒花とばかりに、特攻隊の途方もない戦果と、本土空襲の「損害軽微」を何度も強調した。

その結果、一九四四年十一月から一九四五年八月までの大本営発表の回数は百八十九回、月平均十八・九回に達した。これは緒戦の時期に次ぐ数字だ。大本営発表は、最後の最後で急増したのである。

図5　大本営発表の月別回数(1941年12月〜1945年8月、著者調べ)

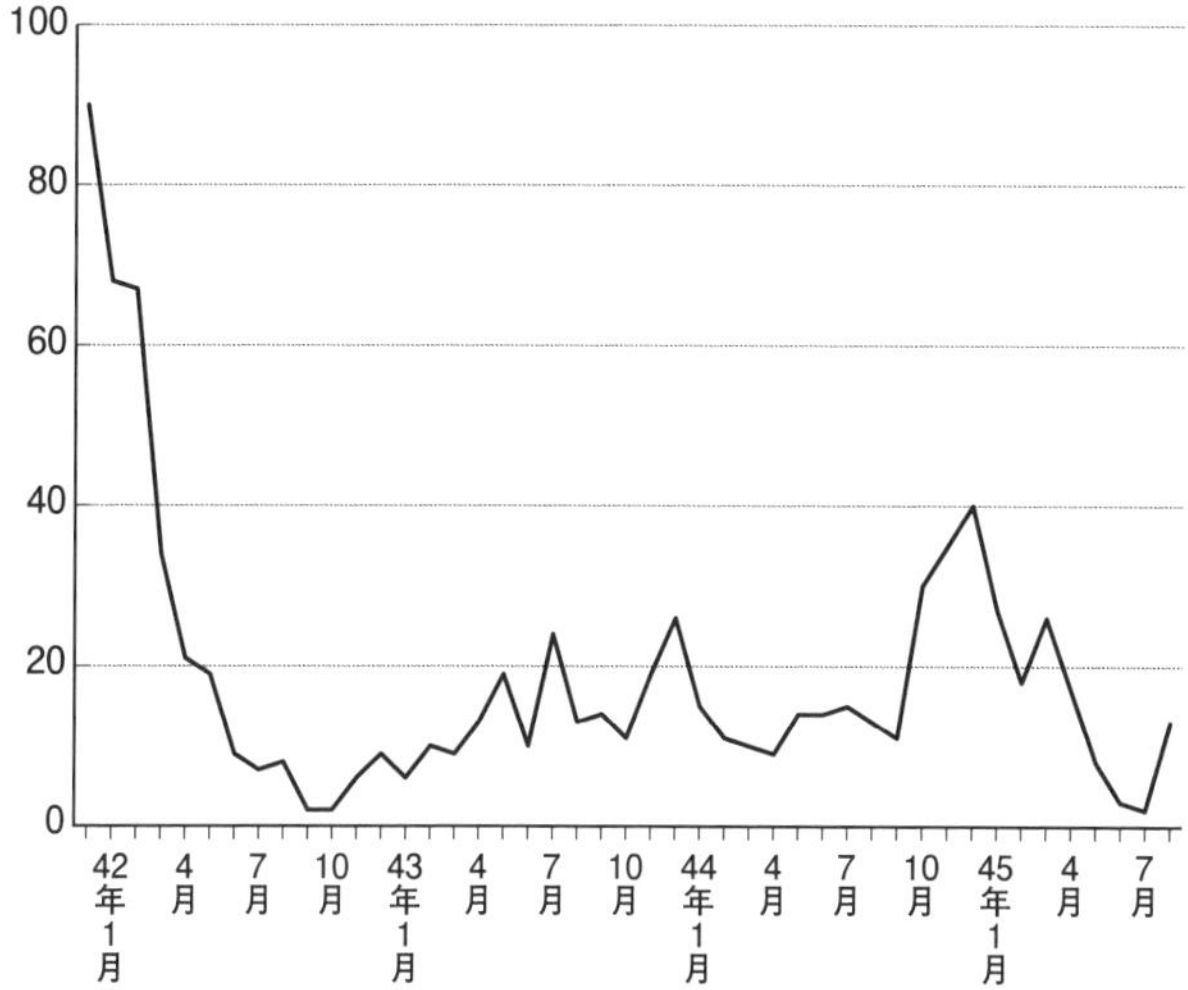

ただその内容は、もはや断末魔の叫びにほかならなかった。

特攻に隠されたフィリピンの地上戦

一九四四年十月二十日、米軍はフィリピン・レイテ島に上陸。日本陸軍はもともと首都マニラがあるルソン島で米軍を迎撃する予定だったが、台湾沖航空戦の大戦果を受けて作戦内容を土壇場で変更し、レイテ島に打って出ることになった。瀕死の米軍なら、ここで一挙に撃滅できると考えたのである。

すでに述べたとおり、台湾沖航空戦はまったくの虚報だった。そして海軍は、その事実を把握しておきながら、陸軍に通知しなかった。その結果、フィリピンの陸軍部隊は飛んで火に入る夏の虫状態となって壊滅、翌年二月にマニラを米軍に奪い返されてしまう。これ以降、陸軍部隊は山岳地帯での散発的なゲリラ戦を余儀なくされた。

真実に忠実ならば、大本営報道部はこの地上戦を中心に取り上げるべきだった。戦況に対する影響の面でも、犠牲者の数の面でも、地上戦こそもっとも重大だったからである。ところが、大本営発表が盛んに伝えたのは、特攻隊の出撃と体当たり攻撃だった。

一九四四年十一、十二月の大本営発表を見ると、特攻隊に関する発表は二十五件。これに対し、地上部隊に関する発表は六件にとどまった。翌年に入ると、地上部隊に関する発表が増えたが、それでも総じて特攻隊に関する発表が優勢だった。

しかも、特攻隊に関する大本営発表には、戦死者の二階級特進を伝える陸軍省発表や海軍省公表がともなった。そのため、当時の新聞を読むと、特攻隊の発表は二倍、三倍にも膨れ上がって見える。

なるほど体当たり攻撃はひとびとを感動させはするかもしれない。だが、それで戦況報道を埋め尽くすのは欺瞞だった。地上戦の餓死や戦病死は、これにより国民の視界から巧みに消し去られたのである。

海軍に対抗した陸軍報道部の特攻発表

そうした特攻に関する発表をひとつ見てみよう。

一九四四年十一月十三日、陸軍の特別攻撃隊のひとつ、万朶《ばんだ》飛行隊の出撃が発表された。有名な「神風特別攻撃隊」は海軍の航空体当たり部隊の総称であり、陸軍では使われなかった。陸軍の特攻隊は単に「特別攻撃隊」と称し、その下に個々の「○○飛行隊」という名称がついた。「万朶飛行隊」「富嶽飛行隊」「靖国飛行隊」「八紘飛行隊」などがそれである。

十三日の大本営発表全文は次のとおり。

【大本営発表】（十一月十三日十四時）

一、我特別攻撃隊万朶飛行隊は、戦闘機隊掩護の下に、十一月十二日レイテ湾内の敵艦船を攻撃し、必死必殺の体当りを以て戦艦一隻、輸送船一隻を撃沈せり
本攻撃に参加せる万朶飛行隊員次の如し
陸軍曹長　田中逸夫　陸軍軍曹　久保昌昭
同　生田留夫　同　伍長　佐々木友治
右攻撃に於て掩護戦闘機隊員陸軍伍長渡辺史郎、亦敵船に体当りを敢行せり
二、万朶飛行隊隊長陸軍大尉岩本益臣、同隊員陸軍中尉園田芳巳、同安藤浩、同川島孝、同少尉中川勝巳は攻撃実施数日前敵機と交戦戦死し本攻撃に参加する能はず

海軍報道部は、大本営発表で神風特別攻撃隊の出撃を報道し、遅れて海軍省公表でパイロットの名前を報道した。これに対し陸軍報道部は、「それでは感銘的効果が薄れる」として、大本営発表で特別攻撃隊の出撃とそのパイロット名を報道した。特攻隊をめぐって、またしても陸海軍が宣伝合戦を行っていたわけだ。

さきの発表文を見ればわかるとおり、特別攻撃隊員ではないが体当たりを実行したパイロットや、特別攻撃隊員ながら事前に戦死したパイロットの名前まですべて記載されている。階級の低い多数の軍人が、大本営発表でここまで丁重に扱われたことはかつてなかった。

ただ、こうした陸軍報道部の前のめりな宣伝は無理も生んだ。実は、万朶飛行隊員のひとり佐々木友治伍長は生存していたのである。報道部は頭を抱えたが、仕方ないので一度は修正を行った。ただ、特攻隊員の生存は宣伝上きわめて不都合だった。佐々木は死ななければならなかった。その後、佐々木は再び出撃。三日経っても帰還しなかったので、これで大丈夫だと報道部は十二月八日に再び佐々木の名前を特攻隊員として発表した。

ところが、佐々木はなんとまたもや生存していた。現地部隊は恥の上塗りを恐れて、このことを大本営に報告しなかった。佐々木は特攻隊員だ。いずれは戦死するだろう。こう考えたのである。この結果、佐々木は、内地では「英霊」として扱われた。報道部の歪んだ報道合戦が、

「生きている英霊」を作ってしまったのである。

ちなみに、佐々木は不屈の精神力で生き延び、戦後復員を果たしたことを付け加えておく。結果的に、大本営発表は特攻隊員の公表においても間違いを犯したということになる。

このように陸海軍の報道部は、一九四四年十一月から翌年一月まで特攻隊の活躍を盛んに伝え、その攻撃によって空母六隻、戦艦六隻を撃沈したなどと主張した。だが、実際のところ米海軍の主力艦の喪失は、護衛空母「オマニー・ベイ」一隻にとどまった。

脆弱な護衛空母ならともかく、ダメージコントロールに優れた正規空母や、分厚い装甲を誇る戦艦を、こんな簡単に次々沈められるわけがなかった。とはいえ、ただでさえ現場の声に弱い日本軍である。前線部隊から「体当たり攻撃で主力艦を撃沈した」と報告された以上、これを値引くことは事実上不可能だった。

大本営は壊れた機械のように、ありえない数の戦果を積み上げるほかなかった。特攻隊の発表は、国民だけではなく大本営をも縛ったのである。一九四五年に大本営発表のデタラメぶりは頂点に達したのもゆえなしとしない。

あらゆる表現を駆使した本土空襲の報道

その一方で、一九四四年十一月二十四日の昼、ついに東京がB29の空襲を受けた。これまで、日本本土の空襲は航続距離の関係から九州周辺に限られていた。ところが、マリアナ諸島サイパン島の基地が完成し、本州の主要都市もその行動圏内に収まった。東京空襲はその何よりの証拠だった。

大本営は同日十七時に「我方の損害は軽微」、翌日十一時五十分に戦果は「撃墜五機」などと発表し、そのうち一機は体当たり攻撃によるものと付け加えた。B29は軍艦や輸送船と同じく体当たり攻撃の対象とみなされ、戦死したパイロットも特攻隊員と同等に扱われたのである。

これを皮切りに、日本全土はたびたび米軍機の空襲に晒された。十二月には名古屋、翌年一月には大阪にB29が襲来した。

米軍ははじめ軍需工場などを目標に、高高度から精密爆撃を行った。上空から見れば、工場は豆粒に等しい。かといって地上に不用意に近づけば、日本の防空網の反撃を受ける。そのため、精密爆撃の命中精度は必ずしも高くなかった。大本営も、この時点では「被害なし」「損害極めて軽微」「損害軽微」「被害は僅少」「若干の損（被）害」などと、被害の少なさを強調することができた。

一九四五年一月二十七日の大本営発表はその一例である。

【大本営発表】（一月二十七日十八時）

本一月二十七日十四時頃より十五時頃迄の間マリアナ諸島よりＢ29約七十機は数編隊を以て帝都に来襲せり
右敵機の投下せる爆弾及焼夷弾により都内数箇所に被害を生じたるも火災は夕刻迄に悉く鎮火せり
重要生産工場には被害なし
戦果に関しては目下調査中なり

ところが、三月より米軍が夜間の無差別絨毯《じゅうたん》爆撃に踏み切ると、様相が一変した。主要な都市は一晩で焼け野原となり、数千、数万単位の犠牲者が続出するようになったのである。

こうなると大本営も対応に苦慮した。前線と異なり、本土の被害は誤魔化しが利かない。国民が焼け野原となった都市をその目で見ているからだ。そこで大本営は「相当の被害」という強めの表現も使うようになったが、それが限界だった。「甚大な被害」「壊滅的な被害」などという表現はついぞ使われることがなかった。

むしろ大本営は、被害の程度に言及すること自体を放棄した。その最たる例が三月十日未明の東京大空襲である。犠牲者は十万人。被害の甚大さは明らかだった。だが、大本営は「火災を生じたるも◯◯時までに鎮火」という実に持って回った表現を用いるにとどまった。被害の程度はノーコメント、鎮火にかかった時間から察せよというわけである。

【大本営発表】（三月十日十二時）

本三月十日零時過より二時四十分の間、Ｂ29約百三十機主力を以て帝都に来襲、市街地を盲爆せり

右盲爆により都内各所に火災を生じたるも、宮内省主馬寮は二時三十五分、其の他は八時頃迄に鎮火せり

現在迄に判明せる戦果次の如し

撃墜　十五機　　損害を与へたるもの　約五十機

この手法は、同月十二日の名古屋大空襲、十三日の大阪大空襲などでも使われた。

これ以外にも、「戦果及被害に関しては目下尚調査中」といったまま、永遠に調査結果を公表しないという姑息な手段も使われた。

また、小さな町などへの爆撃の場合、大本営からではなく、東部軍管区司令部や呉鎮守府などその地域を担当する陸海軍の部隊から、空襲の発表が行われた。大本営発表に比べ、これら部隊の発表は新聞紙面で扱いが小さかった。そのため、連日の空爆被害をできるだけ矮小化し

ようとしたのだと考えられる。

ただ、こうした小細工にも限界があった。

二月ごろから、本土空襲はB29だけではなく、機動部隊の艦載機によっても行われるようになっていた。これは、米機動部隊が日本近海に遊弋し、日本の制海権が完全に奪われていることを意味した。大本営は艦載機の攻撃を隠したかったのだろうが、本土上空のできごとである以上、どうしようもなかった。本土空襲は、従来の大本営発表のデタラメぶりをこのうえなく暴露したのである。

こうして本土空襲（沖縄に対する空爆および原爆投下を除く）に関する大本営発表は、試行錯誤を重ねながら、五十回近くに及んだ。国民に真実を知らせようという発想は、この期に及んでもまったく見られなかった。

曖昧模糊とした沖縄戦の最後

特攻と本土空襲の発表の合間に、硫黄島の戦い（二〜三月）や沖縄戦（三〜六月）の発表もまた行われた。

圧倒的な連合軍の攻撃に、日本軍の守備隊はいずれも全滅した。ただ、大本営発表はこれまでのように「玉砕」や「全員戦死」という言葉を使わず、「総攻撃」や「最後の攻勢」を行ったとだけ発表した。つまり、守備隊の最後は間接的に示唆されたのである。

こうして見ると、島嶼での守備隊全滅の表現は、「玉砕」（一九四三年）、「全員戦死」（一九四四年）、全滅を示唆（一九四五年）の三段階に変遷したということになる。

次は、硫黄島守備隊の最後を告げる、三月二十一日の大本営発表である。

【大本営発表】（三月二十一日十二時）

一、硫黄島の我部隊は、敵上陸以来約一箇月に亘り敢闘を継続し、殊に三月十三日頃以降北部落及東山附近の複廓陣地に拠り凄絶なる奮戦を続行中なりしが、戦局遂に最後の関頭に直面し、「十七日夜半を期し最高指揮官を陣頭に皇国の必勝と安泰とを祈念しつゝ、全員壮烈なる総攻撃を敢行す」との打電あり。爾後通信絶ゆ（以下略）

これに比べ、沖縄戦の大本営発表はより複雑だった。以下では、沖縄戦の大本営発表について詳述する。

米軍は三月二十六日に慶良間《けらま》諸島、四月一日に沖縄本島に上陸した。四月上旬、大本営は毎日のように沖縄の戦況を伝えた。沖縄戦では、フィリピンの戦いとは反対に、地上部隊の戦いぶりが盛んに報道された。これに対し、特攻隊の存在はことさらに強調されず、大本営発表上では「航空部隊」の活躍として一括された。特攻隊の体当たり攻撃はもはや日常となっていた。次のように、地上戦と航空戦が併記されたのが、沖縄戦の大本営発表の特徴である。フィリピンの戦いに比べ、明らかに戦況の全体がつかみやすくなっている。

【大本営発表】（四月一日十五時）

一、沖縄本島周辺の敵は昨三月三十一日朝其の一部を以て神山島並に前島に、本四月一日朝来其の主力を以て本島南部地区に上陸を開始せり

二、我航空部隊及水上部隊の敵艦船に対し収めたる戦果中其の後判明せるもの次の如し
轟沈　航空母艦一隻　巡洋艦二隻　駆逐艦二隻　艦種不詳三隻（以下略）

もっとも、戦果については相変わらずデタラメだった。連合軍は、沖縄戦において一隻の空母も戦艦も失わなかった。

また四月六日には、水上部隊による特攻も行われた。戦艦「大和」が残存の艦隊を率いて沖縄に向かい、翌日坊ノ岬沖で米艦載機の集中攻撃を浴びて沈没したのである。もはや海軍首脳部は戦艦に関心を失っていたのか、その沈没は八日の大本営発表であっさりと触れられた。日本海軍が世界に誇った巨大戦艦も、日々出撃する空の特攻隊の活躍の前では、あってなきがご

としであった。

さて、大本営報道部は例によって戦局が不利になると黙りはじめた。沖縄戦の戦況発表は四月下旬より激減、五月にはたった三回にまで落ち込んだ。そして六月二十五日、沖縄戦に関する最後の発表が次のように行われた。

先述したように、「最後の斬込」「最後の攻撃」とはいうものの、決して守備隊の全滅には直接言及されなかった。これまでに比べて、実に曖昧模糊とした大本営発表だった。

【大本営発表】（六月二十五日十四時三十分）

一、六月中旬以降に於ける沖縄本島南部地区の戦況次の如し

（イ）我部隊は、小禄及南部島尻地区に戦線を整理したる後、優勢なる航空及海上兵力支援の下の敵七箇師団以上に対し大なる損害を与へつゝ善戦敢闘しありしが、六月十六日頃より逐次敵の我主陣地内滲透《しんとう》を許すの已むなきに至れり

（ロ）太田実少将の指揮する小禄地区海軍部隊は、我主力の南部島尻地区転進掩護に任じたる後、六月十三日全員最後の斬込を敢行せり

（ハ）沖縄方面最高指揮官牛島満中将は、六月二十日敵主力に対し全戦力を挙げて最後の攻勢を実施せり

（三）爾後我将兵の一部は南部島尻地区内の拠点を死守敢闘しあるも、六月二十二日以降細部の状況詳かならず

二、我航空部隊は、引続き好機を捕捉し同島周辺の敵艦船及航空基地を攻撃すると共に、地上戦闘に協力しあり

三、作戦開始以来敵に与へたる損害は、地上に於ける人員殺傷約八万、列島線周辺に於ける敵艦船撃沈破約六百隻なり

四、沖縄方面戦場の我官民は、敵上陸以来島田叡知事を中核とし、挙げて軍と一体となり皇国護持の為終始敢闘せり

沖縄戦では、日本の軍人・軍属約九万四千人が死亡した。巻き込まれた島民の犠牲はさらにこれを上回った。その異様さを示すように、大本営発表の最後には沖縄県知事島田叡の名前が記されている。大本営発表に文官である県知事の名前が出てくるのは、これが最初で最後である。

遅すぎた大本営報道部の統合

沖縄戦たけなわの五月十二日、大本営報道部の統合が陸海軍省より発表された。これまでバ

ラバラだった大本営陸軍報道部と大本営海軍報道部が、ようやくひとつの大本営報道部になったのである。初代部長には、陸軍の松村秀逸少将、副長には海軍の栗原悦蔵少将が補職された。

これに前後して、大本営発表を行う場所も、従来の陸海軍省の記者室ではなく、内務省庁舎四階（当時、情報局が入居）の一室に移された。

この統合の背景には、戦局の著しい悪化があった。政府も軍部も、もはや省庁間の対立などといっている場合ではなくなったのだ。これまで以上に効果的な戦意高揚を行うため、宣伝報道業務の一本化はもはや不可避だった。

そのため、陸軍省と海軍省で行われていた宣伝報道業務も、情報局に完全に移管された。この結果、二重行政が改善され、軍事は大本営報道部、民事は情報局というシンプルな役割分担となった（なお、松村は情報局第一部長、栗原は同次長を兼ねた。それゆえ、行政上は情報局に宣伝報道業務が集約された）。

もっとも、この程度では根深い陸海軍の対立は解消しなかった。依然として、陸軍の作戦は陸軍出身の報道部員が扱い、海軍の作戦は海軍出身の報道部員が扱った。記者クラブも、現実には陸軍省記者倶楽部と黒潮会に分かれたままだった。それゆえ、発表の場所が変わっただけで、陸軍出身の報道部員が陸軍の作戦について陸軍担当の記者に発表し、海軍出身の報道部員が海軍の作戦について海軍担当の記者に発表する、という構図にいささかの変化もなかった。

ただ、たとえ陸海軍が仲睦まじく手を取り合っていたとしても、敗戦の三ヶ月前では何もできなかっただろう。すべてがあまりに遅すぎたのだ。ここまで追い詰められなければ、報道部ひとつ一本化することができなかった。これほど病的な陸海軍の対立を物語るものはあるまい。

なお、報道部長は七月五日に上田昌雄陸軍少将に交代したが、敗戦間際の一ヶ月ではさしたる足跡も残していない。

対応が分かれた原爆投下の発表

大本営報道部は統合したものの、もはやその仕事はわずかだった。六月の発表は三回、七月の発表は二回にまで落ち込んだ。八月は十五日までで七回に達したが、その内容は悲惨だった。

まず、八月六日の午前八時十五分、広島に原子爆弾が投下された。これにより広島市や、同市に所在した第二総軍（西日本の防衛を担当）司令部は壊滅状態に陥り、十四万人ものひとびとが死亡した（同年末までの推計値）。

大本営報道部は現地調査を待って、翌日次のような発表を行った。すでに原爆の使用は米国側から発表されていたが、大本営は「敵側の宣伝に乗せられる」「国民の戦意を失わせる」ことを口実としてこれを「新型爆弾」といいかえた。

【大本営発表】（八月七日十五時三十分）
一、昨八月六日広島市は敵Ｂ29少数機の攻撃により相当の被害を生じたり
二、敵は右攻撃に新型爆弾を使用せるものの如きも詳細目下調査中なり

すでに見たとおり、本土空襲の発表にあたって「相当の被害」はかなり思い切った表現である。「新型爆弾」による「相当の被害」。大本営発表を読み慣れた記者たちは、すぐことの重大さに気づいた。ある記者は会見場で思わず「これで負けたんじゃないか」と口を滑らせた。すると、発表担当の広石権三陸軍中佐に「そんなことをいうと死刑だぞ」と睨みつけられたという。

次に、九日未明、ソ連が突如として日本に宣戦布告し、満洲国などに対して侵攻を開始した。弱体化していた関東軍はこれを防ぎ切れず、敗走を重ねた。大本営は同日午後五時に、ソ連軍の来襲と日本軍の迎撃を簡単に伝えた。

【大本営発表】（八月九日十七時）
一、八月九日零時頃より「ソ」連軍の一部は、東部及西部満「ソ」国境を越え攻撃を開始し、又其の航空部隊の各少数機は、同時頃より北満及朝鮮北部の一部に分散来襲せり

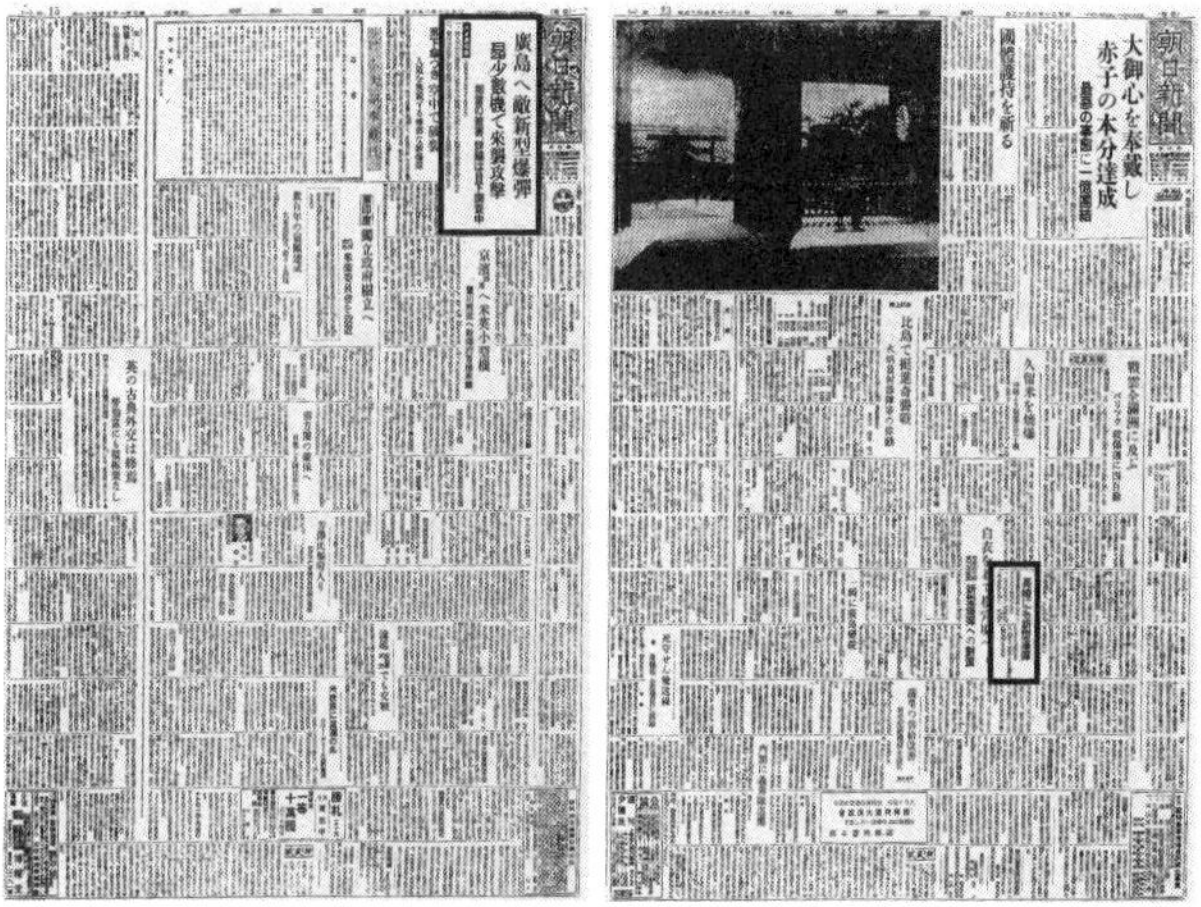

同じ原爆投下でも、新聞の扱いには差があった。左は「朝日新聞」1945年8月8日朝刊（広島）、右は同8月12日朝刊（長崎）。黒枠で囲ったところが該当する記事。

二、所在の日満両軍は、自衛の為之を邀《むか》へ目下交戦中なり

なお、同日十一時二分には長崎市に対してふたつめの原爆が投下されたが、大本営報道部は沈黙を守った。詳細は不明だが、これまでの経緯を考えれば、軍部の誰かが士気の低下を恐れて発表を差し止めたのではないかと考えられる。

長崎への原爆投下は、あたかも小規模な空襲だったかのように、西部軍管区司令部から次のように発表された。約七万人の犠牲者も、「被害は比較的僅少なる見込」と表現された。

【西部軍管区司令部発表】（八月九日十四時四十五分）

一、八月九日午前十一時頃敵大型二機は長崎市に侵入し、新型爆弾らしきものを使用せり
二、詳細目下調査中なるも被害は比較的僅少なる見込

通常、大本営発表は新聞一面のもっとも目立つところに掲載される。そのため、被害を矮小化するためには、現地司令部の発表にとどめるのが得策だった。実際、長崎市への原爆投下の記事は、広島市へのそれに比べて驚くほど小さかった。これまで本土空襲の発表でも行われてきた誤魔化しのテクニックが、原爆投下にも使われたのである。

このように、八月中の大本営発表は悲惨をきわめた。

戦争継続に利用されそうになった大本営発表

八月十日未明、こうした相次ぐ苦境を受けて、昭和天皇が御前会議においてポツダム宣言の受諾を決定した。いわゆる「聖断」である。ここから終戦へ向けた工作が本格的に動き出すとともに、これを覆さんとするクーデターの計画もまた動きはじめた。

一般的には、十四日深夜から翌日未明にかけて起こった宮城《きゆうじよう》事件がよく知られる。陸軍の一部が皇居内に侵入し、玉音放送のレコード盤を力ずくで奪い取ろうとした事件だ。だが、実はその二日前にも、ほぼ同じ首謀者たちによって別の形で戦争継続が図られていた。そのとき

目をつけられたのが、大本営発表だった。

戦争継続を主張する陸軍将校たちは、大本営発表を通じて徹底抗戦を訴えようとした。そうすれば、戦争継続の流れが既成事実化するに違いない。そう考えたのである。信頼は地に落ちていたとはいえ、大本営発表はなおも軍部最高のメッセージだった。

首謀者は、陸軍省軍事課長の荒尾興功《おきかつ》大佐や、同省軍務課員の椎崎二郎中佐、畑中健二少佐たちであったといわれる。彼らは、陸軍中央官僚としての立場を利用して、陸軍大臣の花押や軍務局長の認印などを捏造。大本営発表に必要な許可・連帯をすべて得たように見せかけた。そして戦争継続派の報道部員、親泊朝省《おやどまりちょうせい》大佐に原稿を手渡した。

次がその原稿である。起草者が報道部員ではないため、大本営発表では一九四四年以降使われてこなかった「玉砕」の言葉が使われている。


「ソ」連軍は、十日十二時頃各方面に於て満領に侵入し、東正面に於ては既に雄基・琿春《こんしゅん》及穆稜《もくりょう》の線に、西方正面に於ては概ね海拉爾《はいらる》附近に進出激戦展開中にして、戦局は愈々緊張の度を加ふるに至る。

此の秋に方《あた》り、軍は国体を護持し皇土を防衛すべき大命を拝し、全面的作戦行動を開始せり。

右に依り帝国陸海軍は、真に一心同体鞏固《きようこ》なる団結の下、全軍玉砕の決意を以て対米英戦を継続するは勿論、飽く迄戦争目的の完遂に邁進し、以て大命に応へ奉らんことを期しあり。

この原案は、陸海軍の報道部員たちによって、次のような「大本営発表風」の文章に手直しされた。

一、満鮮方面の我軍は、満洲国軍と共に八月十一日東正面に於ては概ね雄基・琿春及穆稜の線に、西正面に於ては概ね海拉爾、索倫《そろん》及醴泉《れいせん》附近に進出せる「ソ」軍を邀へ、激戦展開中なり

二、我潜水部隊は、八月十一日午後沖縄南東海面に於て敵輸送船団を攻撃し、その三隻を撃沈せり

三、帝国陸海軍は、茲に畏くも国体を護持し皇土を防衛すべき大命を拝し、挙軍一心敵連合軍に対し全面的作戦を開始せり

原案が「一」と「三」に分割され、間に海軍の戦果である「二」が加えられた。かなり穏当

な表現になっているが、ポツダム宣言受諾の「大命」に背き、徹底抗戦を訴える内容なのは明らかだった。

さて正午すぎ、内務省庁舎四階の記者室に、親泊大佐、佐々木克己大佐、広石中佐が入ってきて、いつものように大本営発表文を読み上げた。これで明日の新聞には、この大本営発表が掲載されるはずだった。クーデター派の親泊は成功を確信したことだろう。

ところが、ここで記者たちが疑問の声をあげた。長年報道部で仕事をしてきた記者たちは、大本営発表を細部に至るまで知り尽くしていた。そのため、彼らは目の前の大本営発表の異常さに気づいたのである。

「全面的作戦を開始せり」という文言は、単なる戦況報道のそれではない。政治的・外交的な問題を含んでいる。こんな重大な発表をここでやっていいのか――。

ほかにも、記者たちはまるで小役人のように事務手続きの不備を衝いた。

「参謀総長と作戦関係の第一部長、第二課長のところは赤鉛筆でスミと書いてあるだけですね、これでいいんですか」

「次長と大臣の花押がヘンだし、軍務局長の判もいつものと違やしないかな」

そしてついに同盟通信の記者が、

「この発表を取りやめるわけにはいきませんか」

というに及んで、親泊は焦ったらしく、

「生意気なことをいうな！　貴様のいっておることは統帥権干犯だぞ。一新聞記者の分際で大本営発表を取りやめろとは何だ！　無礼なことをいうな。文句をいわずに発表を社に送ればいいんだ」

と怒り出してしまった。

結局、記者たちが政府筋に「これでよいのか」と確認したところで、戦争継続派による捏造であったことが発覚。阿南惟幾《これちか》陸相が急いで取り消しを命じた。そして午後五時半ごろ、上田報道部長から記者たちに連絡があり、「三」の部分が削除されることになった（「一」「二」は予定どおり発表された）。

あと少し遅れていれば、そのまま印刷されて全国に配布されるところだった。偽の大本営発表は、すんでのところで止められたのである。

八月十五日の大本営報道部

八月十五日の午前七時二十一分。日本放送協会の館野守男は、再びスタジオのマイクの前に立っていた。館野は、太平洋戦争開戦の臨時ニュースを読み上げたアナウンサーである。

「謹んでお伝え致します。畏きあたりにおかせられましては、この度、詔書を渙発あらせられます。畏くも天皇陛下におかせられましては、本日正午おん自ら御放送遊ばされます。洵《まこと》に畏れ多き極みでございます。国民は一人残らず謹んで玉音を拝しますように」

いわゆる「玉音放送」の告知である。昭和天皇の録音は前日に済んでいた。当日はただそれを放送するだけだった。ただ、クーデター派の軍人がどこに潜んでいるかわからない。現に、放送局に押し入る軍人の姿もあった。正午まで放送局には緊張が続いた。

一方、大本営報道部の会議室には、栗原悦蔵副長以下四人の海軍将校だけが席についていた。陸軍側の報道部員は、報道部の統一後も主に市ヶ谷の陸軍庁舎で勤務していたため、この日も姿を見せなかった。これに対し海軍側の報道部員は、霞が関の海軍庁舎が五月の空襲で半壊したため、ほかに行くところもなかった。

しばらくの沈黙ののち、栗原が時計を見てつぶやいた。

「放送は正午だね」

居合わせた高瀬五郎大佐は嗚咽を漏らし、松岡謙一郎（元外相・松岡洋右の長男。のち全国朝日放送副社長）と戸崎徹の両主計大尉は唇を噛んで俯《うつむ》いた。栗原の目にも光るものがあった。開戦の日と異なり、この日報道部は完全に蚊帳《かや》の外だった。

そして正午——。

アナウンサーの和田信賢がマイクに向かって厳かに告げた。

日本放送協会の本部が置かれた内幸町の放送会館。太平洋戦争の開戦と敗戦はここから発表された。現在は小さな「放送記念碑」が残っている。

「只今より重大なる放送があります。全国聴取者の皆様御起立願います」

そして下村宏情報局総裁の言葉のあとに、「君が代」が放送され、「玉音放送」がはじまった。

「朕深く世界の大勢と帝国の現状とに鑑み、非常の措置を以て時局を収拾せむと欲し、茲に忠良なる爾《なんじ》臣民に告ぐ。朕は帝国政府をして米英支蘇四国に対し其の共同宣言（引用者註、ポツダム宣言のこと）を受諾する旨通告せしめたり――」

こうして太平洋戦争の終わりは告げられた。開戦のときと異なり、そこに勇ましい大本営発表は存在しなかった。

ちなみに、玉音放送前最後の大本営発表は、次のようなものだった。

【大本営発表】（八月十四日十時三十分）

我航空部隊は、八月十三日午後鹿島灘東方二十五浬に於て航空母艦四隻を基幹とする敵機動部隊の一群を捕捉攻撃し、航空母艦及巡洋艦各一隻を大破炎上せしめたり

これよりのち、大本営発表は六回だけ行われた。いずれも敗戦処理に関する内容だった。そのうち四回は政府との合同発表で、「大本営及帝国政府発表」という形式を取った。したがって、最後の大本営発表は次のものとなる。

【大本営及帝国政府発表】（八月二十六日十一時）

本八月二十六日以降実施予定の連合国軍隊第一次進駐日程中、連合国艦隊相模湾入港以外は、夫々四十八時間延期せられたり

太平洋戦争がはじまってより八百四十七回。大本営発表の最後は、連合軍の進駐についてだった。誰がこんな結末を想像しえただろうか。これ以降「帝国政府発表」はあっても、「大本営発表」は行われなかった。

かくして一九三七年十一月にはじまった大本営発表の歴史は寂しく幕を閉じたのである。

大本営報道部員たちの戦後

最後に、主だった報道部員たちのその後について少しだけ触れておく。

まず、一般の部員について。陸軍報道部員だった平櫛孝中佐は、先述のとおり、一九四四年四月第四十三師団参謀としてサイパン島に赴任。同年七月のサイパン島の戦いにおいて米軍の捕虜となった。一方、海軍報道部員だった富永謙吾中佐は、同年三月パラオ根拠地隊参謀としてパラオ本島に赴任。同島に米軍が上陸してこなかったため、やはり敗戦まで生き延びた。富永は戦後、防衛庁研修所戦史編纂官を務めた。

この両名は、大本営発表に関する基礎的な文献を後世に残した。一般の報道部員の証言はきわめて貴重であり、現在でも広く参照されている。

次に、部課長級について。宣伝のエキスパートだった陸軍の松村秀逸少将は、敗戦間際の一九四五年七月に第五十九軍参謀長に異動。翌月広島で被爆し負傷した。戦後は参議院議員を二期務め、法務委員長にも就任した。

開戦時の報道部長だった大平秀雄少将は、その後二度と報道関係の仕事にはつかず、連隊長や師団参謀長を歴任した。戦後の足取りははっきりしないが、たいへん長生きで一九九五年に九十六歳で病没した。報道部関係者のなかでは珍しく、戦後の回想録を残していない。なお、彼の従弟に一九七八年首相に就任した大平正芳がいる。

大本営発表がはじまった場所の現在。（上）霞が関にあった海軍庁舎の跡地には、現在農林水産省、厚生労働省、環境省などが所在している。写真は、中央合同庁舎第5号館の敷地内にある海軍碑。（下）三宅坂にあった広大な陸軍用地は、戦後の区画整理により現在見る影もない。国会前庭の憲政記念館はその跡地のひとつ。なお、こちらに記念碑のたぐいはない。写真はいずれも2016年3月著者撮影。

誠実な人柄で記者たちにも慕われた海軍の栗原悦蔵少将は、戦後同和金属工業に入社し、同社が小松フォークリフトに改称すると、初代の社長・会長に就任した。栗原は「私はA級戦犯といわれても仕方がない、生きている資格のない人間です」などと漏らしていたという。経営者としても周囲に慕われていたようで、下請けの会社のために経営理念を作ったり、講話を行ったりしたといったエピソードが残されている。

以上に比べ、「谷萩漫談、平出講談」とうたわれ、華やかな報道部を代表したふたりは、不幸な戦後を迎えた。

谷萩那華雄少将は陸軍報道部長を退いたあと、スマトラ島に渡り、守備部隊の指揮官を経て、第二十五軍参謀として敗戦を迎えた。戦後はBC級戦犯に指定され、一九四九年七月スマトラ島のメダンで処刑された。

そしてミスター大本営発表ともいうべき平出英夫少将。平出は報道課長を退任後、フィリピン大使館付武官などを務めたが、一九四四年十一月に帰国。そして翌年八月、北海海軍軍需監理部第三部長という閑職で敗戦を迎えた。

戦後まもなく同盟通信と朝日新聞の記者が、札幌で終戦連絡事務に従事する平出を訪ねた。平出は椅子から立ち上がって来客を迎え、かつて記事をめぐって揉めたことがある朝日新聞記者の杉本健の手をにぎり「君にはすまなかったな……」といったきり、落涙するばかりだったという。そこに往時の華やかさは微塵も残っていなかった。平出は体調不良が重なったのか、一九四八年に病没した。

こうした報道部員たちは、しばしばマスコミ関係者の回想録で、権力を笠に着た抑圧者として描かれる。たしかにそういった面はあったのかもしれない。だが、実際のところ報道部員たちは、陸海軍の対立や作戦部などとの折衝に悩まされ、右往左往しながら職務に当たった小吏にすぎなかった。

したがって、大本営発表の問題は、彼らの人格などに帰せられるべきではなく、その所属した組織の構造的な欠陥などを考慮に入れなければならない。もちろん、マスコミ関係者（本書に登場した記者の多くは戦後も順調に活躍し、出世した）が大本営発表の「共犯」だったことも見逃せない事実である。

第七章 政治と報道の一体化がもたらした悲劇

大本営発表は戦争中盤に破綻していた

以上見てきたように、太平洋戦争下の大本営発表は、年を追うごとにデタラメな内容に転落していった。その変遷は、本書の構成にそって次の五期にわけることができる。

第一期（一九四一年十二月〜一九四二年四月）は、日本軍の優勢を背景に、大本営発表がもっとも正確だった時期である。たしかに間違いはあったものの、その程度はきわめて低く、意図的な虚報も、戦意高揚のためのキャンペーンと言い訳できる水準だった。

ところが、第二期（一九四二年五月〜一九四三年一月）に入ると、その信頼性は早くも揺らぎはじめた。日米戦力の伯仲を受けて、日本軍は敗退を誤魔化し、戦果を誤認するようになった。一九四二年六月のミッドウェー海戦はその象徴として有名だが、実際には同年後半のガダルカナル島周辺の制海権をめぐる諸海戦でその傷口は大きく広がった。

そして続く第三期（一九四三年二月〜十二月）は、大本営発表の破綻が決定的になった時期である。日米の戦力差は広がるばかりで、日本軍はなんとか劣勢を誤魔化そうと、あるいは守備隊の撤退や全滅を「転進」「玉砕」といいかえ、あるいは前線部隊からの曖昧な報告をそのまま大戦果として発表した。劣勢を優勢と言い繕う大本営発表のイメージはここに形成された。国民もこのころより大本営発表を疑いはじめた。

第四期（一九四四年一月〜十月）は、第三期の状態をより悪化させた時期といえる。戦局の急激な悪化を受けて、戦果の誇張と損害の隠蔽はますます増大し、取り返しがつかなくなった。台湾沖航空戦とレイテ沖海戦はその象徴であり、大本営発表の信頼は地に落ちた。

最後の第五期（一九四四年十一月〜一九四五年八月）になると、もはや「勝った、勝った」とすらいわれなくなった。相変わらず架空の戦果が計上されていたものの、本土空襲という動かしがたい事実が大本営発表の過剰な表現を抑制したのである。劣勢を補うものはもはや精神力しかなく、体当たり攻撃や斬込み攻撃が相次いで発表された。

このように整理すると、「大本営発表は、戦争末期になっても『勝った、勝った』と繰り返した」というイメージは改められなければならない。大本営発表は戦争中盤すでに破綻しており、末期にはもはや「勝った、勝った」とすらいえなくなっていた。大本営発表は、それほどまでに徹底的に破綻していたのである。

数字で振り返る大本営発表のデタラメぶり

大本営発表のデタラメぶりを、今度は数字で振り返っておこう。

図6は、太平洋戦争中の日本海軍と連合国海軍の主力艦（空母と戦艦）喪失数を、大本営発表上の数と比較したものである。

図6　大本営発表と実際との比較表（空母・戦艦の喪失数に限る）

本書の構成	年月		日本海軍の喪失 大本営発表(A) 空母	戦艦	実際(B) 空母	戦艦	誤差(A−B)	連合国海軍の喪失 大本営発表(C) 空母	戦艦	実際(D) 空母	戦艦	誤差(C−D)	主な戦い
第二章	1941年	12月	0	0	0	0	0	0	6	0	4	2	真珠湾攻撃、マレー沖海戦(*1)
		累計	0	0	0	0	0	0	6	0	4	2	
	1942年	1月	0	0	0	0	0	1	0	0		1	
		2月	0	0	0	0	0	1	0	0		1	シンガポール占領
		3月	0	0	0	0	0	0	0	0		0	
		4月	0	0	0	0	0	1	0	1		0	セイロン島沖海戦
第三章		5月	1	0	1	0	0	2	1	1		2	珊瑚海海戦
		6月	1	0	4	0	-3	1	0	1		0	ミッドウェー海戦(*2)
		7月	0	0	0	0	0	0	0	0	0	0	
		8月	0	0	1	0	-1	0	0	0		0	第一次、第二次ソロモン海戦
		9月	0	0	0	0	0	1	0	1		0	
		10月	0	0	0	0	0	3	1	1		3	南太平洋海戦
		11月	0	1	0	2	-1	0	3	0		3	第三次ソロモン海戦、ルンガ沖夜戦
		12月	0	0	0	0	0	0	0	0		0	
		小計	2	1	6	2	-5	10	5	5	0	10	
		累計	2	1	6	2	-5	10	11	5	4	12	
	1943年	1月	0	0	0	0	0	0	2	0		2	レンネル島沖海戦
第四章		2月	0	0	0	0	0	0	0	0		0	ガダルカナル島撤退
		3月	0	0	0	0	0	0	0	0		0	
		4月	0	0	0	0	0	0	0	0		0	山本五十六戦死
		5月	0	0	0	0	0	0	0	0		0	アッツ島守備隊全滅
		6月	0	0	0	1	-1	0	0	0		0	
		7月	0	0	0	0	0	0	0	0		0	
		8月	0	0	0	0	0	0	0	0	0	0	
		9月	0	0	0	0	0	0	0	0		0	
		10月	0	0	0	0	0	0	0	0		0	
		11月	0	0	0	0	0	12	4	1		15	ブ島沖航空戦(1～5次)、ギ諸島沖航空戦
		12月	0	0	1	0	-1	4	1	0		5	ブ島沖航空戦(6次)、マ諸島沖航空戦

第四章	1943年	小計	0	0	1	1	-2	16	7	1	0	22	
		累計	2	1	7	3	-7	26	18	6	4	34	
第五章	1944年	1月	0	0	0	0	0	0	0	0		0	
		2月	0	0	0	0	0	1	0	0		1	クェゼリン、ルオット守備隊全滅
		3月	0	0	0	0	0	0	0	0		0	インパール作戦はじまる、古賀峯一殉職
		4月	0	0	0	0	0	0	0	0		0	一号作戦はじまる
		5月	0	0	0	0	0	0	0	0		0	
		6月	1	0	3	0	-2	2	2	0	0	4	マリアナ沖海戦
		7月	0	0	0	0	0	0	1	0		1	サイパン島守備隊全滅
		8月	0	0	1	0	-1	0	0	0		0	
		9月	0	0	1	0	-1	0	0	0		0	
		10月	1	1	4	3	-5	22	2	3		21	台湾沖航空戦、レイテ沖海戦
第六章		11月	0	0	2	1	-3	5	1	0		6	
		12月	0	0	1	0	-1	0	1	0		1	
		小計	2	1	12	4	-13	30	7	3	0	34	
		累計	4	2	19	7	-20	56	25	9	4	68	
	1945年	1月	0	0	0	0	0	4	1	1		4	
		2月	0	0	0	0	0	3	1	1		3	
		3月	0	0	0	0	0	7	4	0		11	沖縄戦はじまる、東京大空襲
		4月	0	1	0	1	0	11	8	0	0	19	坊ノ岬沖海戦
		5月	0	0	0	0	0	3	4	0		7	
		6月	0	0	0	0	0	0	0	0		0	
		7月	0	0	0	0	0	0	0	0		0	
		8月	0	0	0	0	0	0	0	0		0	広島・長崎に原爆投下、ソ連参戦
		小計	0	1	0	1	0	28	18	2	0	44	
		累計	4	3	19	8	-20	84	43	11	4	112	

*1−修復された米戦艦は喪失数としてカウントせず。また「ユタ」はのちに特務艦扱いとされたため戦果より除外。

*2−大本営発表では当初米空母の喪失数は2隻。南太平洋海戦ののち1隻に修正された。

註1−「基地特電」など大本営発表以外の発表は除外した。

註2−「撃沈破」「撃沈ほぼ確実」「戦艦若くは巡洋艦」など、断定的ではない戦果は除外した。

註3−水上機母艦は空母より除外した。

註4−特に戦争後半は曖昧な発表が増えたため、数字はあくまで目安である。

まず、日本海軍の喪失数は、大本営発表に従えば、空母四隻、戦艦三隻だった。ところが、実際に日本海軍は空母十九隻、戦艦八隻を失った。つまり、空母十五隻、戦艦五隻の喪失が隠蔽されたのである。こうした隠蔽は、一九四二年六月のミッドウェー海戦にはじまり、一九四四年十月のレイテ沖海戦で頂点に達した。

ただ、以上の数字も、次の連合軍の喪失数の前ではまだ可愛く見えてしまう。

連合軍の喪失数は、大本営発表に従えば、空母八十四隻、戦艦四十三隻に及んだ。一見とてつもない数である。日本海軍は、主力艦だけ見れば、たった七隻の損害で敵の百二十七隻を葬ったことになる。ところが、これがまったくのデタラメで、実際には連合軍は、空母十一隻、戦艦四隻しか失っていなかった。戦果は、空母で七十三隻、戦艦で三十九隻も水増しされた。

空母十一隻の喪失はやや多く感じられるが、そのうち正規空母は五隻のみ。一九四二年十月の南太平洋海戦以降は一隻も沈んでいない。残りは巡洋艦改造の空母が一隻、護衛空母が五隻だった。米海軍の空母はそれほどまでに頑丈だった。

一方、戦艦四隻の喪失は、一九四一年十二月八日の真珠湾攻撃と、同月十日のマレー沖海戦の結果による（真珠湾で引き上げられた戦艦二隻は除いた）。つまり、開戦三日目で連合軍の戦艦喪失はストップしたわけだ。それ以降の日本海軍の戦果はすべて間違いだった。

要するに、日本海軍は連合国海軍にほとんど太刀打ちできなかったのである。それにもかかわらず、大本営は年々厖大な戦果を計上していった。その結果、大本営発表上の戦果と実際の戦果は年々乖離。一九四一年に誤差は二隻だったが、一九四二年にこれが十隻になり、一九四三年に二十二隻、一九四四年に三十四隻、一九四五年に四十四隻にまで広がった。

あまりに架空の戦果が膨れ上がったため、一九四四年十二月、ある報道部員が「ことし一年間の戦果を総合してみたら、こんな数字になってしまった。いくらなんでも、このままの数字では発表できない」と情報参謀の実松譲大佐に漏らしたというエピソードが残されている。

なお、図6では、「撃沈破」「撃沈ほぼ確実」「戦艦若くは大型巡洋艦」など曖昧な戦果は除いてある。それらを含めると、大本営発表上の戦果はさらに膨れ上がる。こうした損害の隠蔽と戦果の誇張は、巡洋艦以下の小型艦艇、飛行機、陸上の兵力などの発表にも共通して見られた。累計すれば、現実との乖離はさらに広がることだろう。

ここでは比較しやすい例を用いたが、本書で触れたとおり、大本営報道部の欺瞞は数字の操作だけではなかった。

一九四二年十月のサボ島沖海戦のような完敗は、発表されないまま闇へと葬り去られた。一九四三年中の守備隊の撤退や全滅は、「転進」や「玉砕」といった美辞麗句でいいかえられた。一九四四年十月末以降の悲惨な地上戦は、特攻隊の「華々しい」出撃によって覆い隠された。一九四五年八月九日の長崎市への原爆投下は、大本営からではなく西部軍管区司令部から「被害は比較的僅少なる見込」と発表された。こうした例は枚挙にいとまがない。

太平洋戦争下の大本営発表は、まさにデタラメ以外の何ものでもなかった。

大本営発表の破綻の内的原因

①組織間の不和対立　②情報の軽視

大本営発表がここまで破綻した原因は一体なんだったのだろうか。

第一に、日本軍における組織間の不和対立をあげなければならない。

よく知られるように、日本軍は組織間の深刻な不和対立を抱えていた。陸軍と海軍の不和対立、統帥部（参謀本部、軍令部）と省部（陸軍省、海軍省）の不和対立などがそうだ。こうした不和は単なる感情的なものではなく、統帥権の独立などによって制度的にも裏づけられていた。そのため、埋め合わせはきわめて難しかった。これに加えて、同じ統帥部のなかでも、たとえば作戦部と情報部、あるいは作戦部と報道部が反目し合っていた。

大本営発表は、こうした組織間の不和対立の影響をもろに受けた。なぜなら、様々な組織や部署が、ハンコを人質代わりにしてその内容に介入してきたからである。報道部は権限が弱く、こうした介入に抗うことができなかった。

この結果、完成した発表文は、どうしても各組織・各部署にダメージが少ない、お手盛りで妥協的な内容になりがちだった。

一九四二年六月のミッドウェー海戦の大本営発表はその最たる例だった。昭和天皇や東条英機がこう発表しろと命じたわけではない。海軍大臣や軍令部総長がこう書けと指示したわけでもない。発表の主務部員だった田代格がいみじくも述懐しているように、組織間の綱引きの末、「自然の成り行き」で空母の損害が間引かれたのである。

ほかにも、大本営発表はときに人間関係や要職者の態度にも左右された。太平洋戦争初期の海軍では、報道課長の平出英夫と、作戦課長の富岡定俊が親密だったため、きわめてスムーズに発表が行われた。その一方で、一九四四年六月サイパン島の戦いをめぐって首相（陸相、参謀総長兼任）の東条英機と軍令部次長の伊藤整一が衝突すると、発表文はたちまち宙に浮いてしまった。

このように大本営発表は、確たる方針もなく、そのときどきの状況に流されやすい性質を持っていた。とりわけ損害の隠蔽は、これに大きく影響を受けた。

そして第二に、日本軍における情報の軽視をあげなければならない。

これもまたよく指摘されるように、日本軍は情報をたいへん軽視していた。対中国や対ソ連に関しては一定の実績もあったものの、こと対米国になるとインテリジェンスの欠落は深刻だった。情報は本来、広く収集され、厳しく査定され、そして有効に活用されなければならない。

ところが、日本軍にはこの機能すべてに問題があった。

特にその弊害が顕著に現れたのが、太平洋戦争の帰趨を決した航空戦だった。航空戦の戦果確認は、もっぱらパイロットの証言に依存した。高速で戦闘しながら、海上の豆粒のような目標を正確に判断するには、豊富な経験が不可欠だった。そのため、熟練のパイロットが消耗すると、情報の精度はたちまち低下した。

こうした事情があったにもかかわらず、現地部隊でも、大本営でも、その曖昧な情報を厳しく査定しなかった。現地部隊の司令官は、基本的に部下の報告をほとんど疑わなかった。それどころか、大本営で戦果が過小評価された場合には厳重に抗議し、「俺が腹を切って証明する」などと息巻いた。大本営は大本営で、絶大な発言権を持つ作戦参謀たちが自分たちで立案した作戦を過信し、希望的な観測にもとづいて過大な戦果を肯定しがちだった。

こうして現地部隊と作戦参謀の利害が図らずも一致し、戦果は見る見る膨れ上がった。米海軍の空母や戦艦は、まるで泥船のように次々と「沈んだ」。一九四四年十月の台湾沖航空戦のときの堀栄三のように、正しい情報をつかんだ情報参謀もなくはなかった。だが、そうした分析は作戦部と情報部の不和対立に阻まれて有効に活用されなかった。情報部の地位は、作戦部のそれより低かったのである。

蓋を開けてみれば、考えられないほどの架空の戦果が積み上げられていた。その異常さについてはすでに述べたとおりだ。こうした戦果誇張の主因こそ、情報の軽視に求められる。

大本営発表の破綻の外的原因

③戦局の悪化 ④軍部と報道機関の一体化

①・②の二点は、日本軍の組織的な欠陥に由来した。こうした欠陥は、次のふたつの外的原因によって何倍にも膨らまされた。

ひとつめの外的原因は、戦局の悪化である。

太平洋戦争の初期のように、勝利を重ねていたときは、日本軍の組織的な欠陥が露呈することは少なかった。勝利の発表について揉めることは少ないし、勝っている以上、生還者も多く比較的正確な情報を得られたからである。

ところが、一九四三年に米軍の戦力が大幅に増強されると状況は一変した。日本軍はかつてのように勝つことができなくなり、それどころか各地で敗退を強いられるようになった。すると、たちまち組織間の不和対立が頻発し、発表文への介入が激しくなった。また、激しい消耗を受けて前線からの報告が不正確になったうえ、焦った作戦部がそうした報告を希望的な観測にもとづいて鵜呑みにするようになった。こうした積み重ねにより、大本営発表は、急速に現実味を失った。

そしてふたつめの外的原因は、軍部と報道機関の一体化である。これこそ、大本営発表が破綻した最大の原因にほかならない。

いかに大本営がデタラメな発表を行っても、報道機関がその不自然さを的確に指摘していれば、国民はここまで騙されなかっただろう。また、大本営でも報道機関が厳しくチェックするとわかっていれば、ここまでデタラメな発表は行わなかったに違いない。

ところが、報道機関が大本営報道部の下請けに成り下がり、そのチェック機能を手放してしまった。その結果、大本営は歯止めが利かなくなり、内部の論理のみに従って、自由自在に発表を行えるようになった。

なぜ軍部と報道機関はかくも一体化してしまったのか。

報道機関、特に当時ジャーナリズムの中心だった新聞は、はじめから軍部と一体化していたわけではなかった。むしろ新聞は、大正時代から昭和初期にかけて、大正デモクラシーや世界的な軍縮ムードを背景にして、軍部に批判的な論陣を張っていた。陸軍もこうした事情を受け、一九一九年に報道対策部門として陸軍省に新聞班を設置しなければならなかった。

一九二四年三月から一九三〇年八月まで陸軍省新聞班長を務めた桜井忠温は、戦後の回想録のなかでこう述懐している。

「何しろ陸軍が新聞にもてなかった時代だし、『陸軍棚下し』だのと書いて、ヒドイ人身攻撃さえやるので、わたしはたまらない。『どうしてあんなものを書かすのか』といって叱られる。陸軍が月給を出しているわけでないから、わたしがどうするというわけにも行かない」

あるいは、一九二九年八月から一年間にわたって新聞班員を務めた樋口季一郎は、次のように回想している。

「彼（引用者註、緒方竹虎＝朝日新聞主筆などを歴任）の愉快は我々の不快でなければならぬ。しかり私が不快であるところへもってきて、陸軍上層部は私共の無能の故に言論界の不評を買っているとなすのであるからたまったものではない。私共は二重、三重に不愉快であった」

このように、新聞は軍部に対して決して弱体ではなかった。

ところが、一九三一年九月に満洲事変が勃発。多くの新聞がスクープを狙って従軍記者を戦場に送り出したあたりから風向きが変わりはじめた。従軍記者を送る以上、軍部との緊密な協力関係が不可欠だからだ。そして一九三七年七月に日中戦争が勃発するや、その関係は一層親密なものへと変わっていった。軍部は新聞に様々な便宜を図り、その懐柔を目論んだ。こうして軍部と報道機関の一体化が進められた。

その一方で、軍部は一九三八年四月に公布された「国家総動員法」にもとづいて「新聞用紙供給制限令」（同年八月実施）や「国民徴用令」（一九三九年七月実施）などを制定し、制度的に新聞を統制する仕組みを作り上げた。これにより、新聞は命綱である用紙と人員を押さえられ、ますます軍部に歯向かうことができなくなった。太平洋戦争の開戦後には、更に様々な規制が加わった。

結果的に、太平洋戦争下に大本営報道部は新聞の見出しや段組にまで介入するようになり、ついに陸軍報道部長の松村秀逸をして「何も大本営発表に書かなくても、各社は解説で二回撃退と書きますヨ」などといわしめるまでに至ったのである。

つまり、軍部が短期間に一方的に報道機関を弾圧したのではなく、二十年以上かけて飴と鞭を巧みに使い分けながら徐々に報道機関を懐柔し、ついにこれを従属させたのである。だからこそ、報道側も抵抗が難しかった。

以上の四点をまとめると、次のようになる。

そもそも日本軍の情報は、入り口（報告）の時点で不正確だった。このただでさえ不正確な情報は、厳しく精査されることもなく、組織内部の事情でさらに修正を加えられ、ますます不正確な状態に陥った。そこに追い打ちをかけるように戦局が悪化。不正確な情報が激増し、修正の数もうなぎ登りになった。本来ならばジャーナリズムがこれを制止するはずだった。ところが、ときすでに報道機関は死に体で、大本営はどんな支離滅裂な発表でもやり放題となっていた。かくして、デタラメ極まりない大本営発表は現実のものとなったのである。

大本営発表とは一体なんだったのか

大本営発表とはなんだったのだろうか。最後に、ここで改めて整理しておきたい。

大本営発表は、主に三つの要素に整理することができる。

第一は、狭義の大本営発表。

これは、一九三七年十一月から一九四五年八月までの間、大本営報道部が「大本営発表」（「大本営陸軍部発表」「大本営海軍部発表」「大本営及帝国政府発表」を含む）の名のもとに行った戦況の報道である。その数は、太平洋戦争の開戦以降で八百四十七回、日中戦争下のものも含めるとおよそ千回に達した。いわゆる典型的な大本営発表がこれだ。

第二は、狭義の大本営発表に連なる軍部の発表。

報道部員たちによる「当局談」や、講演会、座談会、ラジオ放送、省部の発表である「陸軍省発表」「海軍省公表」、現地部隊の発表である「支那派遣軍報道部発表」「東部軍司令部発表」などがこれにあたる。すでに見てきたように、大本営報道部はこうした様々な軍部発表を巧みに織り交ぜ、狭義の大本営発表を補強していた。大本営発表の運用を考えるうえで、これらの軍部発表は欠かせない。

そして第三は、軍部の下請けと化したマスコミの報道。

報道班員の「基地特電」や、報道部のレクチャーや意向を受けて書かれた提灯記事などがこれにあたる。こうしたマスコミの報道は、狭義の大本営発表や軍部の発表に信憑性を与えることに大きく貢献し、そのデタラメぶりを大きく手助けした。

この三つの要素は、実際の運用面では不可分だった。狭義の大本営発表は、様々な軍部の発表がなければこれほど権威を保てず、マスコミの提灯記事がなければ、もっと早くに信頼性を失っただろう。したがって、この三要素をまとめて広義の大本営発表と呼ぶことにしたい。

今日「大本営発表」というと、「あてにならない当局の発表」と同時に、「それを無批判に垂れ流すマスコミの報道」が連想される。それは決して的外れではなく、この広義の大本営発表を言い当てたものだったのである。

このように考えると、大本営発表とは、狭義には「大本営報道部が、大本営発表の名のもとに行った戦況の報道」、広義には「軍部と報道機関が一体化し、様々な手段を使って行った戦況の報道」と定義づけられる。そして狭義の大本営発表は、広義の大本営発表がなければ、ここまでデタラメになることはありえなかった。つまり、軍部と報道機関の一体化こそが大本営発表の本質であり、これこそ今日まで伝わる大本営発表のデタラメぶりを生み出したのである。

福島第一原発事故と報道機関の独立性

以上、大本営発表の歴史を詳しく見てきた。こうした歴史の話は、政治信条などを横に置いて、しばしば「面白く」消費できる。本書もここで閉じて、単なる歴史の読み物とすることも不可能ではないかもしれない。

しかしながら、歴史を「面白く」消費できるのは、われわれの社会が一定の状態にあるからである。たとえば、政府がひとびとの思想や言論にたやすく介入し、特定の歴史観以外を認めないような社会では、歴史を「面白く」消費することなどできはしない。

それゆえ、私は歴史の知識をただの消費の対象にとどめるのではなく、現在の社会問題と結びつけ、あるべき社会状態の維持発展のために役立たせたいと考える。まして政治と報道の問題が盛んに議論されている今日、大本営発表の歴史を取り上げておきながら、こうしたことへの言及を一切怠ることは不誠実であるとさえいいうる。

では、大本営発表の歴史は、今日いかなることをわれわれに教えてくれるのだろうか。

大本営は一九四五年に解体されたため、それ以降大本営発表は行われていない。とはいえ、大本営発表のような現象が二度と起こりえないかといえば、必ずしもそうとは限らない。

大本営発表の本質は、「軍部と報道機関の一体化」だった。軍部は政治権力の一部であるから、これは「政治権力と報道機関の一体化」、より簡潔にいえば「政治と報道の一体化」と捉え直せる。すると、大本営発表はぐっと現在にも応用できる普遍的な問題となる。

そこで重要になるのは、報道機関の独立性である。

報道は、行政、立法、司法に次ぐ「第四の権力」と呼ばれる。その使命は政治を厳しくチェックすることだ。こうしたチェック機能がなくなると、有権者は選挙に際して適切な投票行動を取れず、健全な民主制を維持できなくなってしまう。それゆえ、政治と報道は、本来絶対に一体化させてはならないのである。

大本営発表の「共犯者」だった報道関係者は、必ずしもこの点に自覚的ではなかった。彼らは戦後の回想録で、しばしば驚くほど赤裸々に大本営報道部との癒着を告白している。たとえば、陸軍機に自社の写真や記事を運んでもらっただの、海軍報道部の後援でラジオの速報を止めさせただのというのがそれだ。彼らはこうしたエピソードをまるで単なる思い出話や武勇伝のように捉えていた節さえある。大本営報道部の強権や弾圧については厳しく批判しておきながら、これでは不公平だといわざるをえない。

このように、「政治と報道の一体化」は戦後社会でも見落とされがちだった。国立国会図書館のウェブサイトで「大本営発表」と検索すると実に様々な文献や記事がヒットするが、その多くは単に「当局の発表」や「利害当事者の発表」を揶揄したものなのである。

ところが、二〇一一年三月に発生した福島第一原発事故では、まさに「政治と報道の一体化」が真正面から問題になった。すなわち、マスコミは電力会社からの厖大な広告費などを受け取って、原発の「安全神話」——これがデタラメであったことは事故によって証明されたわけだが——を流布してきたのではないかと指摘されたのである。

これに呼応するように、同年には「大本営発表」に関する文献や記事が急増した。国立国会図書館のウェブサイトでも、戦後最多のヒット数が確認できる。そのなかで、報道機関は、経済産業省、原子力安全・保安院、東京電力などと並んで、「大本営発表」の発信源だと批判されている。

国立国会図書館のデータベースは完璧なものではないとはいえ、これは興味深い数字だ。ひとびとは不幸な事故を通じて、改めて大本営発表の歴史を思い出したのだ。これを奇貨としなければならない。

報道機関の独立性の重要性などすでに何度も指摘されているし、何をいまさらと思うかもしれない。ただ、これを実践することは意外と難しい。おそらく、戦時中の記者たちも報道機関の独立性に関する知識はあったはずだ。それでも結果的に大本営報道部のコントロールに服してしまった。この事実は繰り返し思い出しても決して無駄ではないだろう。

安倍政権と報道に介入する政治権力

その一方で、近年、報道に対する政治権力の介入がしばしば問題になっている。

二〇一二年十二月に成立した第二次安倍晋三政権のもとで、その動きは顕著になった。特に狙い撃ちされているのは、世論に大きな影響力を持つテレビ局である。

主だった動きをいくつかあげてみよう。

二〇一四年十一月、自民党の幹部が、在京テレビキー局の編成局長・報道局長あてに「（衆議院）選挙時期における報道の公平中立ならびに公正の確保」を求める文書を送り、番組の内容について細かく注文をつけた。二〇一五年四月、同党の情報通信戦略調査会が、NHKとテレビ朝日の幹部を呼びつけ、番組内容について事情を聴取した。同年六月、同党の国会議員が「文化芸術懇話会」という勉強会において「マスコミを懲らしめるには、広告料収入がなくなるのが一番」などと発言した。

さらに同年十一月、安倍首相は衆議院予算委員会において、「放送法」第四条は「単なる倫理規定ではなく法規」と発言した。「放送法」第四条は、放送事業者に対して政治的な公平性や、事実を曲げないことなどを求める規定であり、表現の自由とも密接に関係することから、従来「倫理規定」（努力義務）と考えられてきた。ところが、安倍首相はこれが「法規」（違反すれば行政処分の対象になりうる）だという解釈を示したのである。そして追い打ちをかけるように、二〇一六年二月、高市早苗総務相が衆議院予算委員会において、「放送法」にもとづいて放送事業者に対し停波を命じる可能性があると発言した。

個々について詳しくは触れないが、要するに、一連の動きは次のような事態を強く示唆している。政府・与党は、自ら報道番組の「公正中立」を判断し、場合によっては放送法にもとづいてテレビの電波を停止させる。つまり、事実上、テレビ局を倒産に追い込む——。

こうした電波の停止は、かつての用紙の供給停止を髣髴とさせる。これでは、テレビ局の経営陣は組織防衛のために政府・与党の意向を忖度せざるをえないだろう。同年三月末に、政権に批判的とされたニュース番組のキャスターやコメンテーターが相次いで降板したことも、こうした忖度の結果ではないかと指摘されている。

当たり前だが、政府・与党は政治権力の当事者であり、本当の意味で「公正中立」を判断できるわけがない。「公正中立」を旗印に、自分たちに都合のいい報道を求めるのは目に見えている。このような動きが進めば、「政治と報道の一体化」が形を変えてよみがえりかねない。

にもかかわらず、世論の反応は福島第一原発事故のときとやや異なっている。特にインターネット上ではそうである。

インターネット上では、テレビや新聞などマスコミに対する批判がもともと根強い。当然のごとく、マスコミは「マスゴミ」、その報道は「偏向報道」などと蔑まれる。そのため、安倍政権の一連の動きに対しても、「マスゴミの偏向報道を取り締まるため、もっと積極的にテレビ局に介入するべきだ」という受け止め方さえされている。

しかしながら、改めて考え直す必要がある。報道への介入のさきにあるのは、「大本営発表」の再来である。

政治と報道が一体化すれば、政権の発表は日々ただ無批判に垂れ流される。経済政策も、雇用政策も、すべてうまくいっている。日本のコンテンツは世界中で人気があり、日本は世界から尊敬されている、と。たとえ専門家が間違いを指摘しても、マスコミはそれを伝えない。インターネット上の報道番組などもあるとはいえ、まだまだ影響力は小さい。結果的に、多くの有権者に正しい情報が伝わらなければ、投票行動に結びつかない。これでは、政治権力はデタラメな発表をやりたい放題になってしまう。

たしかに、マスコミの報道にも酷いものはある。それで生じる被害も決して無視できない。だが、「政治と報道の一体化」がもたらす被害はその比ではない。いかにマスコミの報道に不満があるからといって、われわれが報道機関の独立性を尊重しなければ、いずれ自分の首を絞めることになるだろう。

マスコミ批判は、政治との癒着のみに向けられるべきであって、政治との対決に向けられるべきではない。このことは、たとえ政権交代があっても変わらない、現代社会の大原則である。

いまこそ大本営発表の歴史を学ぶ好機

とはいえ、こうした大原則にいま「血が通っていない」。これこそ、個々の事例以上に根本的な喫緊の問題である。

われわれの目の前には、マスコミの様々な問題点が山積している。間違った報道が多い。特定の立場に肩入れしている。取材態度が横柄だ。給与水準が高すぎる……。こちらのほうが「第四の権力」などという「机上の空論」よりも遥かにリアルで、ただちに解決すべき問題だ。このように考えられているのである。

これはたいへん由々しい事態といわざるをえない。政治と報道の問題は、結局のところ、われわれの態度いかんにもかかっているからだ。報道機関がいかに政治のチェックを誠実に行っても、われわれが支持しなければ、政治家の恫喝や企業の広告費に屈してしまうかもしれない。ましてわれわれが「政治は報道にどんどん介入してしまえ」という態度を取れば、報道機関は立つ瀬がなくなってしまう。これでは健全な民主制の維持も危殆《きたい》に瀕する。

では、どうすればよいのか。

そのひとつの答えが、ほかならぬ大本営発表の歴史を知ることである。「政治と報道の一体化」がいかなる悲劇を招くのかを、これほど具体的に生々しく教えてくれるものもない。われわれは、大本営発表の歴史を通じて「第四の権力」の重要性を体得し、「机上の空論」に血を通わせることができるだろう。

愚者は経験に学び、賢者は歴史に学ぶという。メディア問題が盛んに議論されている今日ほど、大本営発表の歴史を学ぶ好機はあるまい。大本営発表はメディア史の反面教師として、いまなお色あせていないのである。

おわりに

二〇一〇年代に入って、日本では政治とメディアの関係が盛んに議論されている。二〇一一年三月に発生した福島第一原発事故と、二〇一二年十二月に成立した第二次安倍政権がその主たる原因として考えられる。特に、第二次安倍政権はメディア対策にきわめて熱心であり、国内外で批判的に取り上げられることも多い。二〇一六年前半だけでも、すでに複数の関連書が出ているくらいである。

その一方で、世論は必ずしも安倍政権のメディア対策に批判的ではない。それは、国民の間に長年蓄積されたマスコミに対する不信感と無縁ではあるまい。デタラメな報道を繰り返すマスコミなど守る必要はない。むしろ政治は積極的に介入して、マスコミを改善させるべきだ。こういう極論さえ、インターネット上ではいまや珍しいものではなくなっている。安倍政権の強硬姿勢も、このような世論に支えられているといってもよい。

さはさりながら、メディアの独立性は、特定の企業の既得権などではなく、われわれの社会の共有財産である。これなくして、健全な民主主義の維持発展はありえない。マスコミ憎さのあまり、政治権力の監視というメディアの公益性を破壊するのは論外だ。これは大前提として強調しておかなければならない。

ただ、こうした理屈だけでは、目前のマスコミ批判のリアリティになかなか太刀打ちできないのもまた事実である。

この「おわりに」を書いている二〇一六年四月に、熊本県を中心に大きな地震が発生したが、その直後からインターネット上では「取材態度が気に入らない」などという相変わらずのマスコミ批判がまたぞろ巻き起こっている。

その一方で、報道の独立性については蔑ろにされたままだ。NHKの籾井勝人会長は、同月に熊本地震に関連する原発報道について「公式発表をベースに伝えること」と発言した。まったく不用意な発言だが、これについても、インターネット上では『公式発表だけを伝えろ』といったわけではないので問題ない」などと擁護する意見すら出回っているのである。

私はここで改めて、大本営発表の歴史を取り上げる重要性を強く認識した。

大本営発表は、政治とメディアが一体化し、日本に史上空前の災厄をもたらした現象だ。その歴史を知れば、メディアの独立性を尊重したうえで、より真っ当な政権批判やマスコミ批判を行えるのではないか。そのように考えたのである。

試みに、「公式発表をベースに」発言を例に取ってみよう。

戦時下のメディアも大本営発表だけを報じていたわけではなく、まさに「公式発表をベースに」しつつ、独自の記事を配信していた。ところが、「公式発表をベースに」すると、独自の記事もそれを側面支援する形になってしまう。大本営報道部の側も、それに胡座《あぐら》をかいて、デタラメな発表をばら撒きはじめる。その結果どうなったのかは、本書で散々見たとおりだ。それゆえ、「公式発表をベースに」という要請は批判されるべきなのである。

もちろん、政治とメディアの問題は、単に安倍政権のみの話にとどまらない。安倍政権は遅かれ早かれいずれ終焉を迎える。だが、これだけ成功したメディア対策の手法は、今後もなんらかの形で継承されるだろう。いまでこそしかつめらしくしている野党勢力とて、いざ政権を握ればどう豹変するのかわかったものではない。それゆえ、いつの時代にも、どの政権にも応用できる、メディアとの正しい付き合い方を養わなければならない。

その意味でも、大本営発表の歴史はメディア史の反面教師として大いに役立つだろう。七十年以上前の歴史はその遠さゆえ、利害当事者のクレームに煩わされず、かえって冷静にものごとを捉えさせてもくれる。

本書では、以上の考えにもとづき、大本営発表を単なる過去の現象ではなく、現在に通じる政治とメディアの問題として取り上げたつもりである。その試みが成功したかどうかは、読者のご判断を待つことにしたい。

なお、近年、報道機関やその媒体は一括して「メディア」と呼ばれる傾向がある。インターネットが発達した現在では、このような呼び方のほうがふさわしいのかもしれない。ただ、本書で取り上げた時期は主に昭和戦前期であるため、従来どおり報道機関やマスコミという言葉を用いた。

最後に、私はこれまで政治と文化芸術の関係をテーマに執筆活動を行ってきた。今回はそのメディア篇にあたる。時代が重なることもあり、改めて取り上げた人物や事柄も珍しくない。たとえば、二〇一四年に上梓した『日本の軍歌』にも「音楽は軍需品なり」の発言者として平出英夫が登場するし、二〇一五年に上梓した『ふしぎな君が代』にも「玉音放送」のシーンが登場する。国内外で文化芸術が政治利用されつつある現在、このような人物や事柄には今後も光を当てていきたいと考えている。

そして、右の二冊に引き続き、本書も幻冬舎の竹村優子氏に担当していただいた。今回も、重要なアドバイスを幾つも頂戴し、企画の段階より随分と読みやすくなった。末筆ながらここに厚くお礼申し上げたい。

参考文献

〈資料集など〉

「大本営発表文　昭和十七年二月〜昭和十九年十月」アジア歴史資料センター（防衛省防衛研究所）、Ref.C14020096200。

大東亜戦争年史編纂室（編）『大東亜戦争年史』愛国新聞社出版部、一九四三年。

内務省警保局保安課『特高月報』（複製版）政経出版社、一九七三年。

合衆国戦略爆撃調査団『日本人の戦意に与えた戦略爆撃の効果』森祐二（訳）、広島平和文化センター、一九八八年。

稲葉正夫（編）『現代史資料37　大本営』みすず書房、一九六七年。

内川芳美（編）『現代史資料40　マス・メディア統制1』みすず書房、一九七三年。

同『現代史資料41　マス・メディア統制2』みすず書房、一九七五年。

赤沢史朗、北河賢三、由井正臣（編）『資料日本現代史13　太平洋戦争下の国民生活』大月書店、一九八五年。

南博、佐藤健二（編）『近代庶民生活誌　第4巻　流言』三一書房、一九八五年。

有山輝雄、西山武典（編）『情報局関係資料』一〜七巻、柏書房、二〇〇〇年。

佐藤元英、黒沢文貴（編）『GHQ歴史課陳述録　終戦史資料（上）』原書房、二〇〇二年。

※大本営発表文の確認は、『朝日新聞』『毎日新聞』『読売新聞』の縮刷版やデータベースを用いた（詳細は末尾参照）。

〈当事者の著作、回顧録など〉

①大本営報道部員

高戸顕隆『海軍主計大尉の太平洋戦争　私記ソロモン海戦・大本営海軍報道部』光人社NF文庫、二〇一五年。

田代格『海軍大佐田代格回想録』非売品、一九八四年。

恒石重嗣『大東亜戦争秘録　心理作戦の回想』東宣出版、一九七八年。

冨永亀太郎『猪突八十年　明治大正昭和を生きぬいた明治男の生涯』非売品、一九八七年。

富永謙吾『大本営発表　海軍篇』青潮社、一九五二年。

同『大本営発表の真相史』自由国民社、一九七〇年。

平櫛孝『大本営報道部　言論統制と戦意昂揚の実際』光人社NF文庫、二〇〇六年。

松島慶三『海軍　松島報道部長の回想』小原書房、一九五三年。

松村秀逸『三宅坂　軍閥は如何にして生れたか』東光書房、一九五二年。

同『大本営発表』日本週報社、一九五二年。

馬淵逸雄『報道戦線』改造社、一九四一年。

②その他陸海軍軍人

有末精三『政治と軍事と人事　参謀本部第二部長の手記』芙蓉書房、一九八二年。

大井篤『海上護衛戦』角川文庫、二〇一四年。

櫻井忠温『哀しきものの記録』文藝春秋新社、一九五七年。

実松譲『大海軍惜別記』光人社、一九七九年。

同『日米情報戦　戦う前に敵の動向を知る』光人社NF文庫、二〇〇九年。

鈴木貞一『鈴木貞一氏談話速記録（上）』日本近代史料研究会、一九七一年。

同『鈴木貞一氏談話速記録（下）』日本近代史料研究会、一九七四年。

高松宮宣仁親王『高松宮日記』第一〜八巻、中央公論社、一九九五〜一九九七年。

樋口季一郎『陸軍中将樋口季一郎回想録』芙蓉書房、一九九九年。

堀栄三『大本営参謀の情報戦記　情報なき国家の悲劇』文春文庫、一九九六年。

山本親雄『大本営海軍部』朝日ソノラマ、一九八二年。

吉田俊雄『大本営海軍参謀　最後の証言　海軍の知恵と心』光人社NF文庫、二〇一二年。

③メディア関係者

荒川利男『十二月八日』鍾美堂、一九四二年。

大平進一「古き良き記者魂の記　陸軍省記者クラブ（辛酉クラブ）」（記者クラブシリーズ）『月刊官界』八月号、行政問題研究所、一九七九年、一九二〜一九八ページ。

岡田聰『戦中・戦後』図書出版社、一九七六年。

小川力『大本営記者日記』紘文社、一九四二年。

奥村信太郎『新聞に終始して』文藝春秋新社、一九四八年。

長田政次郎「無条件降伏一日前の記者クラブ」『文藝春秋』九月号、文藝春秋、一九六〇年、二三八〜二四六ページ。

黒田秀俊『南京・広島・アウシュヴィッツ　戦争と殺戮』太平出版社、一九七四年。

同『もの言えぬ時代　回想の戦時ジャーナリズム受難記』図書出版社、一九八六年。

後藤基治『日米開戦をスクープした男　実録・海軍報道戦記』新人物文庫、二〇〇九年。

近藤富枝『大本営発表のマイク　私の十五年戦争』河出書房新社、二〇一三年。

杉本健『海軍の昭和史　提督と新聞記者』光人社NF文庫、一九九九年。

新名丈夫『政治　この事実を黙って見のがせるか』カッパブックス、一九五六年。

同『沈黙の提督　井上成美　真実を語る』新人物文庫、二〇〇九年。

田口利介「古き良き記者魂の記　海軍省記者クラブ・黒潮会」（記者クラブシリーズ）『月刊官界』二月号、行政問題研究所、一九七九年、一六二～一六八ページ。

館野守男「大本営発表　開戦と終戦の重大発表を読んだ男」『太平洋戦争の肉声　第1巻　開戦百日の栄光』文春ムック、二〇一四年、二四五～二五三ページ。

千葉愛雄「海軍省記者クラブ黒潮会」『歴史読本』九月特別号、新人物往来社、一九七〇年、九四～九九ページ。

テレビ東京（編）『証言・私の昭和史4　太平洋戦争後期』文春文庫、一九八九年。

藤本弘道『戦ふ大本営陸軍報道部』（少国民大東亜戦記）晴南社、一九四三年。

同『踊らした者　大本営報道秘史』北信書房、一九四六年。

柳澤恭雄『検閲放送　戦時ジャーナリズム私史』けやき出版、一九九五年。

〈大本営報道部・大本営発表について〉

①大本営報道部設置前

石原豪「日本陸軍の世論対策　第一次世界大戦の影響としての『軍民一致』にむけた宣伝活動」『第一次世界大戦とその影響』(『軍事史学』第50巻　第3・4合併号)錦正社、二〇一五年、三〇七～三二六ページ。

小野晋史「陸軍省新聞班の設立とその活動　大正期日本陸軍の言論政策」『法學政治學論究』第五五号、慶應義塾大学大学院法学研究科、二〇〇二年、二六一～二九一ページ。

佐藤勝矢「満州事変勃発当初の軍部の新聞対策と論調に対する認識」『日本大学大学院総合社会情報研究科紀要』第六号、二〇〇五年、三四七～三五八ページ。

上法快男『陸軍省軍務局』(昭和軍事史叢書)芙蓉書房、一九七九年。

分須正弘「満州事変前における世論形成　軍部の世論工作を中心に」『政治経済史学』一九一巻、一九八二年、一三～三七ページ。

②大本営報道部設置後

片山修『社員を幸せにする会社』東洋経済新報社、二〇一五年。※栗原悦蔵についての記述あり。

辻田真佐憲「日本陸軍の思想戦　清水盛明の活動を中心に」『第一次世界大戦とその影響』(『軍事史学』第50巻　第3・4合併号)錦正社、二〇一五年、三二七～三四二ページ。

同『たのしいプロパガンダ』イースト新書Q、二〇一五年。

辻泰明、NHK取材班『幻の大戦果・大本営発表の真相』(NHKスペシャルセレクション)日本放送出版協会、二〇〇二年。

西岡香織『報道戦線から見た「日中戦争」 陸軍報道部長 馬淵逸雄の足跡』芙蓉書房、一九九九年。

藤澤秀雄「大本営発表の成り立ちについての一考察 北九州初空襲の場合」『長崎大学教養部紀要 人文科学篇』第三八巻 第一号、長崎大学教養部、一九九七年、四七〜六二ページ。

保阪正康『大本営発表という権力』講談社文庫、二〇〇八年。

〈メディア史文献〉

朝日新聞「新聞と戦争」取材班『新聞と戦争 上』『同 下』朝日文庫、二〇一一年。

池田一之『記者たちの満州事変 日本ジャーナリズムの転回点』人間の科学新社、二〇〇〇年。

伊藤正徳『新聞五十年史』鱒書房、一九四三年。

稲葉三千男、新井直之(編)『新聞学』第二版、日本評論社、一九八八年。

岩瀬達哉『新聞が面白くない理由』講談社文庫、二〇〇一年。

NHKアナウンサー史編集委員会(編)『アナウンサーたちの70年』講談社、一九九二年。

逢坂巌『日本政治とメディア テレビの登場からネット時代まで』中公新書、二〇一四年。

神谷忠孝「南方徴用作家」『北海道大学人文科学論集』第二〇巻、北海道大学、一九八四年、五〜三一ページ。

河崎吉紀「戦前の記者クラブに対する数量的分析 『日本新聞年鑑』を用いて」『評論・社会科学』第八七号、同志社大学人文学会、二〇〇九年、七一〜九四ページ。

川島高峰『流言・投書の太平洋戦争』講談社学術文庫、二〇〇四年。

小森敦司『日本はなぜ脱原発できないのか 「原子力村」という利権』平凡社新書、二〇一六年。

櫻本富雄『文化人たちの大東亜戦争　ＰＫ部隊が行く』青木書店、一九九三年。

佐々木隆『メディアと権力』（シリーズ日本の近代）中公文庫、二〇一三年。

佐藤卓己『言論統制　情報官・鈴木庫三と教育の国防国家』中公新書、二〇〇四年。

里見脩『新聞統合　戦時期におけるメディアと国家』勁草書房、二〇一一年。

竹山昭子『太平洋戦争下　その時ラジオは』朝日新聞出版、二〇一三年。

辻田真佐憲『日本の軍歌　国民的音楽の歴史』幻冬舎新書、二〇一四年。

中園裕『新聞検閲制度運用論』清文堂出版、二〇〇六年。

西田亮介『メディアと自民党』角川新書、二〇一五年。

日本放送協会（編）『放送五十年史』日本放送出版協会、一九七七年。

朴順愛「『十五年戦争期』における内閣情報機構」『メディア史研究』第三号、ゆまに書房、一九九五年、一〜二九ページ。

前坂俊之『太平洋戦争と新聞』講談社学術文庫、二〇〇七年。

森沢真理『地方紙と戦争　新潟日報第二代社長「坂口献吉日記」に見る』新潟日報事業社、二〇一四年。

山中恒『新聞は戦争を美化せよ！　戦時国家情報機構史』小学館、二〇〇一年。

山本武利『新聞記者の誕生　日本のメディアをつくった人びと』新曜社、一九九〇年。

『日本ニュース映画史　開戦前夜から終戦直後まで』（別冊一億人の昭和史）毎日新聞社、一九七七年。

〈軍事史文献〉

栗原俊雄『特攻　戦争と日本人』中公新書、二〇一五年。

小谷賢『日本軍のインテリジェンス　なぜ情報が活かされないのか』講談社選書メチエ、二〇〇七年。

柴田武彦、原勝洋『日米全調査　ドーリットル空襲秘録』（Ariadne military）アリアドネ企画、二〇〇三年。

秦郁彦（編）『日本陸海軍総合事典』第二版、東京大学出版会、二〇〇五年。

山田朗『昭和天皇の戦争指導』（昭和史叢書２　天皇制）昭和出版、一九九〇年。

同『大元帥・昭和天皇』新日本出版社、一九九四年。

山室建徳『軍神　近代日本が生んだ「英雄」たちの軌跡』中公新書、二〇〇七年。

吉田裕、森武麿、伊香俊哉、高岡裕之（編）『アジア・太平洋戦争辞典』吉川弘文館、二〇一五年。


〈音声・映像資料〉

山中恒（監修）『音声資料による「実録 大東亜戦争史」』日本コロムビア、一九九七年。

ＮＨＫエンタープライズ『真珠湾の謎　特殊潜航艇の運命に迫る』日本コロムビア、二〇一〇年。


〈ウェブサイト〉

ＮＨＫ「戦争証言アーカイブス」http://www.nhk.or.jp/shogenarchives/

※大本営発表文について

現在、日中戦争から太平洋戦争までの大本営発表を通覧できる文献は存在しない。富永（一九七〇年）には、太平洋戦争以降の大本営発表の全文が掲載されている。ただし、これは『朝日新聞』の縮刷版より拾い集められたものであり、本文でも触れたとおり、見落としやダブルカウントが存在する。

具体的には、一九四一年十二月十四日午後七時五十分の大本営海軍部発表（軍令部総長及び海軍大臣の祝電に対し、連合艦隊司令長官が返電）と、同日同時刻の大本営陸軍部発表（参謀総長ならびに陸軍大臣の祝電に対し、連合艦隊司令長官が返電）が欠落し、一九四四年七月一日十八時三十分の大本営発表がダブルカウントされている。

富永は太平洋戦争以降の大本営発表の回数を八百四十六回とするが、以上を踏まえれば、八百四十七回としなければならない。もっとも、以上もまた、筆者が『朝日新聞』の縮刷版でひとつひとつ確認したものであり、見落としなどがあるかもしれない。なお、『朝日新聞』の縮刷版を用いたのは、各紙の縮刷版のなかで同紙のそれがもっとも入手しやすかったからである。そのほか、必要に応じて『毎日新聞』と『読売新聞』の紙面も参照した。

また、防衛省防衛研究所には「大本営発表文」と題された文書が二種類保管されており、アジア歴史資料センターのウェブサイトより閲覧できる（Ref.C14020096200 および Ref. C14020083600。後者は不鮮明なため、主に前者を参照した）。ただし、この文書は一九四二年二月から一九四四年十月までの期間に限られ、しかも一部に欠落が見られるため、そのまま用いることができない。

以上の理由から、大本営発表については、新聞の縮刷版に逐一当たらなければならないのが現状である。

ちなみに、新聞は新聞で、各紙により漢数字（二十時と廿時の混在）、時刻（八時半と八時三十分の混在）、括弧などの表記が異なっている。そこで本書では、「【大本営発表】（十二月二十日午前八時三十分）発表文」（例）の表記で統一した。発表時刻は「午前」「午後」表記と「二十四時間」表記が混在するが、こちらは発表文に従った。

著者略歴

辻田真佐憲《つじたまさのり》

一九八四年大阪府生まれ。文筆家、近現代史研究者。慶應義塾大学文学部卒業。同大学大学院文学研究科中退。

二〇一二年より執筆活動を開始し、現在、政治・戦争と文化芸術の関わりを研究テーマとしている。著書に『日本の軍歌』『ふしぎな君が代』（ともに幻冬舎新書）、『愛国とレコード』（えにし書房）、『たのしいプロパガンダ』（イースト新書Q）などがある。

歴史資料の復刻にも取り組んでおり、監修CDに『日本の軍歌アーカイブス』（ビクターエンタテインメント）、『出征兵士を送る歌　これが軍歌だ！』（キングレコード）、『日本の軍歌・軍国歌謡全集』（ぐらもくらぶ）などがある。

幻冬舎新書 424

大本営発表
改竄・隠蔽・捏造の太平洋戦争

二〇一六年七月三十日 第一刷発行

著者 辻田真佐憲
発行人 見城 徹
編集人 志儀保博

発行所 株式会社 幻冬舎
〒一五一-〇〇五一 東京都渋谷区千駄ヶ谷四-九-七
電話 〇三-五四一一-六二一一(編集)
〇三-五四一一-六二二二(営業)
振替 〇〇一二〇-八-七六七六四三

ブックデザイン 鈴木成一デザイン室
印刷・製本所 中央精版印刷株式会社

検印廃止

Printed in Japan ISBN978-4-344-98425-7 C0295
つ-3-3

幻冬舎ホームページアドレス http://www.gentosha.co.jp/
*この本に関するご意見・ご感想をメールでお寄せいただく場合は、comment@gentosha.co.jp まで。

幻冬舎新書

辻田真佐憲
日本の軍歌
国民的音楽の歴史

軍歌は国民を戦争に動員する政府の道具であり、最も身近な国民の娯楽、レコード会社・新聞社・出版社にとっては、確実に儲かる商品だった。誕生から末路まで、史上最大の大衆音楽の引力に迫る。

辻田真佐憲
ふしぎな君が代

「なぜ、この歌詞が選ばれたのか」「誰が、作曲したのか」「いつ、国歌になったのか」「どのように、戦中・戦後を生き延びたのか」「なぜ、いまだ論争の的になるのか」など「君が代」の6つの謎を解き明かす。

山下一仁
バターが買えない不都合な真実

バター不足が続いている。その鍵は、バターをつくる過程で同時に生成される、あの脱脂粉乳が握っていた。知られざる酪農をめぐる利益構造と、既得権益者たちの思惑。隠された暗部をえぐる。

間川清
裁判官・非常識な判決48選

「こそこそとでなく、堂々と女性のスカートを覗き込めば無罪」「女性にデブと言ったから29日間、刑務所へ」——いったいなぜこんな判決が？　世間を騒がせた48の判決を読み解きジャッジする。

幻冬舎新書

東浩紀　大山顕
ショッピングモールから考える
ユートピア・バックヤード・未来都市

政治や文化や宗教や階層が異なっても誰もが同質のサービスを受けられるショッピングモールは、理想の街の姿だ。ショッピングモールを出発点に、変貌する人間の欲望と社会の見取り図を描く。

小林よしのり　宮台真司　東浩紀
戦争する国の道徳
安保・沖縄・福島

日本は戦争する国になった。これは怒ることを忘れ、日米安保に甘えた国民の責任だ。しかし、今度こそ怒りつづけねばならない。日本を代表する論客三人が共闘することを誓った一冊。

島田裕巳
八紘一宇《はっこういちう》
日本全体を突き動かした宗教思想の正体

戦時中の海外侵略を正当化し、戦前戦中の日本人を、天皇を中心とする熱狂に駆り立てた「八紘一宇」ということばと、それを創出した田中智学の謎に迫った、日本的精神を読み解く画期的論考。

椹木野衣
アウトサイダー・アート入門

「アウトサイダー・アート」とは、障害者や犯罪者、幻視者など正規の美術教育を受けない作り手が、自己流に表現した作品群。社会から断絶したゆえに真の意味で芸術家たりえた者たちに迫る。

幻冬舎新書

中村淳彦
ルポ 中年童貞

性交渉未経験の男性が増えている。30歳以上未婚男性の4人に1人が童貞。この割合はここ20年間上昇を続けている。性にまつわる取材を続ける著者がえぐる日本社会の不健全さ。衝撃のルポルタージュ。

中野雅至
日本資本主義の正体

いまや資本主義は、低成長とパイの奪い合い、格差拡大という三つの矛盾を抱え、完全に行き詰った。日本資本主義の特殊性を謎解きし、搾取の構造から抜け出す方法を提示する。

香田洋二
賛成・反対を言う前の
集団的自衛権入門

「集団的自衛権を行使できる」とはどういうことなのか。元・海上自衛隊№2が、戦後70年の歴史と現在の国際情勢を踏まえた大局的見地から、今私たちが知るべきことを、徹底的にわかりやすく解説。

平林亮子
〈新版〉相続はおそろしい

2015年1月1日より相続税が大幅増税。加えて、人間の本性がむき出しになる遺産分割も避けて通れない。肝は生前の準備。会計のプロが増税のポイントと争いを生まない相続の基本を指南。

幻冬舎新書

島田裕巳
靖国神社

靖国神社とは、そもそも日本人にとって何か。さまざまに変遷した145年の歴史をたどった上で靖国問題を整理し、未来を見据えた画期的な書。靖国神社の本質がついにこの1冊で理解できる。

諸富祥彦
悩みぬく意味

生きることは悩むことだ。悩みから逃げず、きちんと悩める人にだけ濃密な人生はやってくる。苦悩する人々に寄り添い続ける心理カウンセラーが、味わい深く生きるための正しい悩み方を伝授する。

植島啓司
官能教育
私たちは愛とセックスをいかに教えられてきたか

日本人はなぜこれほど不倫に厳しくなったのか？　時代によって愛の価値観はいかに変化してきたのか？　世界の結婚制度、不倫の歴史を概観しながら男女の豊かな関係を探る画期的な書。

田中卓
愛子さまが将来の天皇陛下ではいけませんか
女性皇太子の誕生

このままでは皇太子不在の時代が来る――つまり女性天皇を待望すべき時代である。が、それに反対する絶対男系男子派が力説するのは単なる男尊女卑でしかない。歴史学の泰斗による緊急提言。